# MYND AM DRO:
## 12 o Deithiau Cerdded

i Mam, ac er cof am Dad ac Emyr

**MYND AM DRO:**
12 o Deithiau Cerdded

Dyfed Elis-Gruffydd

Golygydd y gyfres:
Glenys M. Roberts

# Rhagair

## GEIRFA

| | |
|---|---|
| paradwys | paradise |
| rhostir(oedd) | moorland |
| sisial | to murmur |
| ar hyd a lled | in all parts |
| tirwedd | landscape |
| anoddach fyth | even more difficult |
| etifeddiaeth | heritage |
| daearegol | geological |
| diwydiannol | industrial |
| diwylliannol | cultural |
| maddeuant | forgiveness |
| barcud coch | red kite |
| morgrug y coed | wood ants |
| cnwpfwsogl(au) | clubmoss |
| cornchwiglod | lapwings |
| brân goesgoch | chough |
| adain garpiog | comma |
| bregus | vulnerable |
| gwarchodfa natur | nature reserve |
| yn well fyth | better still |
| sach deithio | rucksack |
| camfa | stile |
| priodol | appropriate |
| ac eithrio | apart from |
| a nodir | which are noted |
| cyfeirlyfr | reference book |

## Gair o eglurhad ...

"Ac ystyried mor fach ydyw, mae Cymru'n un o wledydd harddaf y byd ... Y mae gennym baradwys yng Nghymru: y rhostir, y llynnoedd, y cymoedd gyda'r nentydd yn sisial ganu ynddynt."

R.S. Thomas, "O'n Cwmpas", yn *Pe Medrwn yr Iaith ac ysgrifau eraill* (1988)

Ac yn ogystal â'r rhostiroedd, y llynnoedd a'r cymoedd, mae'r mynyddoedd a'r bryniau, yr aberoedd a'r arfordir. Tasg ddigon anodd oedd dewis deuddeg o deithiau, wedi'u lleoli ar hyd a lled Cymru, a fyddai'n cynnig cip ar dirwedd amrywiol ein gwlad. Ond anoddach fyth oedd dewis a dethol teithiau a fyddai hefyd yn cynnig cip ar etifeddiaeth gyfoethog Cymru – yn ddaearegol ac yn archeolegol, yn ddiwydiannol ac yn ddiwylliannol.

Rwy'n gobeithio y ca i faddeuant am beidio â sôn am rai o ryfeddodau byd natur megis y blodau gwyllt, yr adar a chreaduriaid eraill, sy'n amrywio o dymor i dymor. Ond wna i ddim anghofio'r barcud coch fu'n gwmni i mi yn ardal Llanwrtyd; nythod enfawr morgrug y coed yng Nghoed Glastir, Dolgellau; y carpedi o gnwpfwsoglau dan fy nhraed ar lethrau Foel Penolau, ger Trawsfynydd; yr haid o gornchwiglod a'r frân goesgoch ar lan afon Ffraw,

Aberffraw; a'r adain garpiog, iâr fach yr haf fregus ei golwg, oedd yn mynnu dawnsio o flaen fy llygaid yng ngwarchodfa natur Craig Tremeirchion.

Roedd yr wybodaeth yn y llyfr yma yn gywir pan anfonwyd y deipysgrif i'r wasg ddwy flynedd yn ôl. Gobeithio, felly, nad oes dim gormod o newidiadau wedi digwydd yn ystod y cyfnod a aeth heibio.

### ... ac o gyngor

Nid llyfr ar gyfer eich silff lyfrau yw hwn. Rwy'n awgrymu eich bod chi'n ei gadw yn y car, neu, yn well fyth, yn eich sach deithio. Mae'r llyfr yn cynnwys disgrifiadau cyffredinol o'r teithiau ond does dim cyfeiriad at bob clwyd, camfa ac arwydd. Mae'n bwysig, felly, nad ydych chi'n mentro ar unrhyw daith heb fod y map neu'r mapiau priodol – mapiau *Pathfinder* neu *Explorer* 1:25,000 yr Arolwg Ordnans – yn eich sach hefyd. Ac eithrio rhannau o'r teithiau hynny ar y Preselau, Pumlumon a moelydd Trawsfynydd, mae'r teithiau'n dilyn llwybrau a ffyrdd cyhoeddus a nodir ar fapiau *Pathfinder* ac *Explorer*. Erbyn y flwyddyn 2003, pryd y bydd mapiau *Explorer* ar gael ar gyfer pob rhan o'r wlad, bydd y mapiau *Pathfinder* yn diflannu oddi ar silffoedd siopau gwerthu mapiau.

Cofiwch:
– wisgo dillad addas;
– cario bwyd a diod;

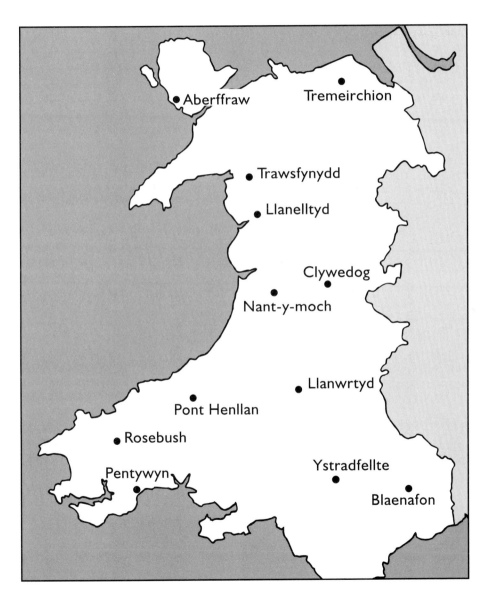

- caniatáu awr am bob dwy filltir;
- parchu rheolau cefn gwlad.

Dyma deitlau pedwar cyfeirlyfr defnyddiol, a dau lyfr taith diddorol:

*Canfod ac Adnabod: Blodau Gwyllt,* addasiad Cymraeg Dafydd Dafis (Gomer)

*Canfod ac Adnabod: Ieir Bach yr Haf,* addasiad Cymraeg Dafydd Dafis (Gomer)

*Canfod ac Adnabod: Coed,* addasiad Twm Elias (Gomer)

*Gwylio Adar,* addasiad Cymraeg Twm Elias (Gomer)

*Llwybrau Cymru: Cerdded Gwynedd,* Dewi Tomos (Gwasg Carreg Gwalch)

*Troedio Cymru: Teithiau Cerdded yn Ne-orllewin Cymru,* Howard Lloyd (Gomer)

Ond os oes gennych chi ddiddordeb mewn byd natur a hanes Cymru ac os ydych wrth eich bodd yn crwydro Cymru, dylech ymuno â Chymdeithas Edward Llwyd, Cymdeithas Genedlaethol Naturiaethwyr Cymru. Bob blwyddyn mae'r Gymdeithas yn trefnu dros gant o deithiau cerdded, pob un dan ofal arweinydd. Gallwch gael rhagor o wybodaeth am weithgarwch y Gymdeithas a ffurflen ymaelodi drwy ysgrifennu at: Iwan Roberts, Ysgrifennydd Aelodaeth, 3 Rhes y Rheilffordd, Rhuthun, Sir Ddinbych LL15 1BT. Edrychaf ymlaen at gwrdd â chi ar un o'r teithiau.

# Taith 1: Bryniau Clwyd

**Dechrau a gorffen:** ger Ffynnon Beuno (SJ 083724) ar fin y B5429. Os ydych yn gadael car ar fin y ffordd, gwnewch yn siŵr na fydd e'n rhwystr i eraill.

**Pellter:** 14.6 km (9.1 milltir) neu 11.2 km (7.0 milltir), os ydych yn dewis peidio â cherdded drwy bentref Bodfari.

**Codiad:** 175 m (574 tr.)

**Amser:** 4-5 awr

**Mapiau:** Landranger 1:50,000, rhif 116 (*Dinbych a Bae Colwyn*); Pathfinder 1:25,000, rhif 755 (*Holywell & St Asaph*)

**Cyngor arbennig:** Darllenwch yr wybodaeth am Warchodfa Natur Craig Tremeirchion ar yr hysbysfwrdd ger y fynedfa i'r warchodfa (SJ 084722). Mynnwch gopi o'r daflen hefyd drwy ysgrifennu at Gymdeithas Natur Gogledd Cymru, 376 Stryd Fawr, Bangor, Gwynedd LL57 1YE.

## Y daith

O'r tŷ o'r enw Ffynnon Beuno, dilyn y B5429 tua'r de. Ymhen 200 metr, troi i'r chwith, dringo'r rhiw a throi i mewn i Warchodfa Natur Craig Tremeirchion ar ochr dde'r ffordd. Cerdded heibio i'r hen chwarel fach ac, yn hytrach na dilyn arwydd Pen y Graig, mynd ar hyd y llwybr sy'n dringo'r llethrau creigiog dan gopa Craig Tremeirchion. Croesi'r gamfa

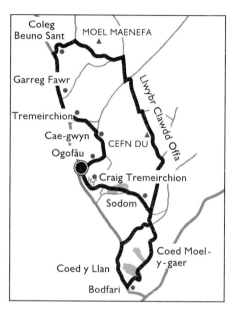

(SJ 086719) ar ffin y warchodfa, dilyn y llwybr concrit cyn belled â'r ffordd (SJ 088719) ac yna ar draws y cae o'ch blaen, gan anelu at gornel y goedwig (SJ 089719). Dilyn y llwybr drwy'r goedwig, ac ymlaen ar hyd y ffordd, heibio i hen gapel Salem (SJ 094716), cyn belled â'r groesffordd (SJ 096714). Troi i'r dde (neu i'r chwith, os ydych am osgoi Bodfari) ac i'r dde eto ger cyffordd Adwy-wynt (SJ 096712), gan gerdded ar hyd y ffordd i bentref Bodfari. Cyn cyrraedd yr eglwys, troi i mewn i'r cae ar ochr chwith y ffordd a dringo'r llethr islaw Coed y Llan, gan ddilyn y llwybr cyhoeddus sy'n codi gyda mur y fynwent. Croesi'r gamfa ym mhen ucha'r cae, troi i'r dde, yna i'r chwith ac i mewn i'r goedwig. Mae'r llwybr cyhoeddus sy'n croesi'r gefnen goediog yn aneglur iawn ond os dilynwch y ffens ewch chi ddim ar goll! Yr ochr draw i'r gefnen, croesi'r bwlch a dringo'r llethrau islaw Coed Moel-y-gaer, gan anelu at y gamfa yng nghornel ddeheuol y goedwig (SJ 095705). Ar ôl croesi'r gamfa byddwch yn ymuno â Llwybr Clawdd Offa (mae llun mesen ar yr arwyddion) ac yn ei ddilyn cyn belled â Choleg Beuno Sant (SJ 081743). Dilyn y llwybr i gyffordd Adwy-wynt; y ffordd, heibio i Sodom a fferm Pant-glas (SJ 097719); y llwybr dros ysgwydd ddwyreiniol Cefn Du (268 m), rhwng SJ 098724 a 094732; y ffordd rhwng SJ 094732 a 092741; ac yna'r llwybr tua'r gorllewin, sy'n arwain i lawr drwy'r caeau ar lethrau de-orllewinol Moel Maenefa (290 m). Ger Penarth (SJ 083744), y tŷ wrth droed y Foel, troi i'r chwith gan gerdded ar hyd y lôn darmac heibio i brif fynedfa Coleg Beuno Sant, cyn troi i'r chwith eto ar waelod y rhiw (SJ 079742) a dilyn y B5429 i Dremeirchion. Troi i'r chwith ar bwys chwarel fach (SJ 081731) ar fin y ffordd a dilyn llwybr heibio i'r ysgol, sy'n ymuno â'r ffordd ger Eglwys Tremeirchion (SJ 083731), y neuadd a'r Salisbury Arms. Ychydig

## GEIRFA

| | |
|---|---|
| mur y fynwent | *the cemetary wall* |
| cefnen goediog | *wooded ridge* |
| aneglur | *unclear* |
| bwlch | *gap, pass* |
| cornel ddeheuol | *southern corner* |
| mesen | *acorn* |
| ar bwys | *near* |

*Dyffryn Chwiler a llethrau Moel y Parc: yr olygfa o Adwy-wynt*

Ogofâu Cae-gwyn a Ffynnon Beuno

ymhellach ymlaen na'r dafarn, croesi'r gamfa (SJ 085730) ar ochr dde'r ffordd ac ymlwybro ar draws y cae gan anelu at Gae-gwyn (SJ 087728). Troi i'r dde o flaen y tŷ ac yna i'r chwith gan ddilyn llwybr cyhoeddus sy'n croesi llawr y dyffryn ac yn ymuno â'r lôn darmac yr ochr draw. Cerdded i lawr y lôn, heibio i ogofâu Cae-gwyn a Ffynnon Beuno (SJ 085724) sydd i'w gweld ar lethrau gogleddol y dyffryn, ac yna, wrth droed Craig Tremeirchion ac o flaen Tŷ Newydd y Graig, gadael y ffordd gan ddilyn llwybr cyhoeddus drwy'r caeau i Ffynnon Beuno, y tŷ ar fin y ffordd ger man cychwyn y daith.

### Ogofâu Cae-gwyn a Ffynnon Beuno

Mae'r ogofâu yn y garreg galch sy'n brigo y naill ochr a'r llall i Ddyffryn Clwyd o ddiddordeb mawr i archeolegwyr a daearegwyr gan fod rhai ohonyn nhw wedi ildio esgyrn anifeiliaid, ynghyd ag offer ac esgyrn dynol. Dr Henry Hicks, meddyg gwlad a daearegydd amatur galluog iawn o Dyddewi, oedd y cyntaf i astudio cynnwys ogofâu Cae-gwyn a

Ffynnon Beuno. Yma, yn ystod y 1880au, cafodd e hyd i esgyrn un ar bymtheg o wahanol anifeiliaid, gan gynnwys llew, blaidd, arth, carw, rhinoseros, mamoth ac udfil, ynghyd ag offer cerrig. Yn ôl pob tebyg, roedd yr udfilod yn defnyddio'r ddwy ogof fel ffeuau, llochesi lle roedden nhw'n gallu bwyta gweddillion eu prae heb gael eu poeni gan greaduriaid eraill. Weithiau, byddai helwyr Paleolithig yn ymweld â'r ogofâu hefyd. Ond daeth y cyfnod hwn i ben tua 18,000 o flynyddoedd yn ôl. Dyna pryd llifodd llen iâ dros yr ardal gan selio ceg y ddwy ogof â gwaddodion rhewlifol. Dyma pryd yr ymgasglodd y tywod coch ar lawr dyffryn Chwiler.

Mae ogofâu Cae-gwyn a Ffynnon Beuno yn cynnig cip ar hanes yr ardal rhwng 20,000 a 40,000 o flynyddoedd yn ôl, ond mae'r darganfyddiadau yn Ogof Pontnewydd (SJ 015711), yn nyffryn

Coleg Beuno Sant

Elwy, yr ochr draw i Ddyffryn Clwyd, yn adrodd peth o hanes y fro dros gyfnod o 200,000 o flynyddoedd. Er 1978 mae tîm o wyddonwyr, dan arweiniad arbenigwyr o Amgueddfa ac Oriel Genedlaethol Caerdydd, wedi bod yn archwilio cynnwys Ogof Pontnewydd yn ofalus iawn. Un o'r digwyddiadau mwyaf cyffrous oedd dod o hyd i ddant ac esgyrn dynol eraill oddeutu 200,000 o flynyddoedd oed. Hyd yma, y rhain yw'r gweddillion dynol cynharaf i'w darganfod yng Nghymru. Yn wir, maen nhw gyda'r cynharaf yng ngwledydd Prydain.

## Beuno Sant

Yng ngogledd Cymru mae enw Beuno yn digwydd yn amlach nag enw yr un o'r seintiau eraill. Cafodd Beuno ei eni yn ystod y bumed neu'r chweched ganrif ar lan afon Hafren ym Mhowys ond mae'n amlwg mai'r gogledd, yn enwedig Llŷn ac Ynys Môn, oedd maes ei genhadaeth. Yn sir y Fflint mae ei enw yn gysylltiedig â: dwy ffynnon sanctaidd, y naill i'r de o Dremeirchion, ger y tŷ o'r enw Ffynnon Beuno, a'r llall yn Nhreffynnon; eglwys Chwitffordd a chapel hynafol Llanasa, ynghyd â'r sefydliad mwy diweddar o lawer,

Coleg Beuno Sant.

Encilfa a chanolfan ysbrydolrwydd Babyddol yw'r coleg heddiw, ond cafodd ei sefydlu dan nawdd Eglwys Rufain yn 1848 fel canolfan hyfforddi Urdd yr Iesuwyr, dilynwyr y sant o Sbaen, Ignatius de Loyola (1491-1556). Yma y buodd y bardd o Sais, Gerard Manley Hopkins (1844-89) yn fyfyriwr ac yn ystod ei arhosiad cwympodd mewn cariad â'r fro. Doedd e ddim yn credu bod unman yn y byd yn well na Dyffryn Clwyd. Yma y cyfansoddodd tua hanner ei gerddi, barddoniaeth sy'n dathlu harddwch yr ardal. Aeth ati hefyd i ddysgu'r Gymraeg a rheolau'r gynghanedd, a lluniodd rai cerddi Cymraeg.

Y coleg sy'n berchen ar Eglwys y Santes Fair ar gopa'r Garreg Fawr (SJ 082737), neu Graig Mihangel Sant yn ôl cofnodion y coleg. Agorwyd yr eglwys yn 1866.

## Clawdd Offa

"Y mae Clawdd Offa ymhlith adeiladaethau hynotaf Prydain."

| GEIRFA | |
|---|---|
| gyda'r cynharaf | amongst the earliest |
| maes ei genhadaeth | area of work, mission |
| yn gysylltiedig â | connected with |
| hynafol | ancient |
| mwy diweddar o lawer | much more recent |
| encilfa | retreat |
| Pabyddol | Catholic |
| ysbrydolrwydd | spirituality |
| dan nawdd | under the auspices |
| Urdd yr Iesuwyr | Jesuit Order |
| cyfansoddi | to compose |
| cynghanedd | formal patterns of alliteration in Welsh poetry |
| llunio cerddi | to write poems |
| yn berchen ar | owns |
| adeiladaethau hynotaf | most wonderful constructions |

11

| | |
|---|---|
| dynodi ffin orllewinol | to mark the western boundary |
| tiriogaeth | territory |
| yn hytrach na(g) | rather than |
| amddiffyn (rhag) | to defend (from) |
| cyflawn | complete |
| di-dor | without a break, continuous |
| Cas-gwent | Chepstow |
| y Gororau | the Marches |
| cyn-lywydd(ion) | former president(s) |
| yn gyfarwydd â | familiar with |
| talp | a mass |
| calchfaen llwyd-las | blue-grey limestone |
| cragen (cregyn) | shell(s) |
| cwrel(au) | coral(s) |
| trofannol | tropical |
| deunydd crai | raw material |
| cloddio | to quarry |
| odyn | kiln |
| diwallu galw | to meet the demand |
| gwrtaith | fertiliser |
| cyffiniau | surrounding area |
| cynefin(oedd) | habitat(s) |
| amrywiol | various, varying |
| anwybyddu | to ignore |
| golygfa(feydd) | view(s), vista(s) |
| ysblennydd | splendid |
| pentir | headland |

Dyna farn yr hanesydd John Davies, awdur *Hanes Cymru* (1990). Cafodd y clawdd pridd ei godi yn yr wythfed ganrif a'i bwrpas, yn ôl John Davies, oedd dynodi ffin orllewinol tiriogaeth Offa, brenin Mersia, yn hytrach nag amddiffyn ei dir rhag ymosodiadau o'r gorllewin. Yn wir, dyw'r clawdd ddim yn gyflawn ac yn y gogledd does dim golwg ohono rhwng Treuddyn, pentre i'r de o'r Wyddgrug, a'r môr.

Yn wahanol i'r clawdd ei hun mae Llwybr Clawdd Offa yn ymestyn yn ddi-dor o Brestatyn yn y gogledd i Gas-gwent yn y de. Agorwyd y llwybr 285 kilometr (177 milltir) o hyd yn 1971 ac mae'n cynnig cyfle gwych i gerddwyr ddod i adnabod y Gororau. "Nid yr hynaf, na'r hiraf, ond y gorau": dyna ddywedodd un o gyn-lywyddion Cymdeithas Clawdd Offa am y llwybr hwn, sy'n un o ddeg Llwybr Cenedlaethol (National Trail) yng Nghymru a Lloegr. Dydw i ddim yn meddwl y byddai'r cerddwyr hynny sy'n gyfarwydd â Llwybr Arfordir Penfro – yr unig Lwybr Cenedlaethol yng Nghymru, hyd nes y caiff Ffordd Glyn Dŵr ei agor yn swyddogol – yn cytuno ag e!

### Gwarchodfa Natur y Graig

Talp o galchfaen llwyd-las yw Craig Tremeirchion, gweddillion cregyn, cwrelau a chreaduriaid eraill oedd yn byw ar lawr môr trofannol yn ystod y cyfnod Carbonifferaidd, tua 350 o filiynau o flynyddoedd yn ôl. Calchfaen yw deunydd crai calch ac yn ystod y ganrif ddiwethaf roedd carreg galch Craig Tremeirchion yn cael ei chloddio a'i llosgi yn yr odyn ar y safle er mwyn diwallu galw ffermwyr lleol am y gwrtaith pwysig hwn. Mae'n bosibl, hefyd, i rywfaint o gynnyrch chwareli'r Graig gael ei ddefnyddio fel deunydd adeiladu i godi tai a waliau cerrig sychion ym mhentrefi Tremeirchion a Bodfari a'r cyffiniau.

Mae'n eironig bod yr hen safle diwydiannol hwn a oedd, ar adegau mor swnllyd, llychlyd a drewllyd, bellach yn warchodfa natur. Mae'r llecyn yn nodedig am ei dawelwch a'i harddwch, ac am y cyfoeth o goed, blodau gwyllt, adar, ieir bach yr haf a chreaduriaid eraill sy'n byw yn ei gynefinoedd amrywiol, gan gynnwys wynebau'r ddwy hen chwarel. Ac wrth gerdded y tir agored does dim modd anwybyddu'r golygfeydd ysblennydd ar draws Dyffryn Clwyd: tua'r gogledd-orllewin mae'r môr a phentir Penygogarth; tua'r gorllewin, copaon y Carneddau; ac i'r de, y Berwyn.

# Taith 2: Aberffraw a glannau Môn

**Dechrau a gorffen:**
y llecyn parcio ger Pont Aberffraw (SH 357690).
**Pellter:** 15.0 km (9.3 milltir), neu 17.4 km (10.8 milltir) os ydych chi'n ymweld â Thraeth Mawr, un o draethau gorau'r ynys.
**Codiad:** 31 m (102 tr.)
**Amser:** 5-6 awr
**Mapiau:** Landranger 1:50,000, rhif 114 (*Môn*); Pathfinder 1:25,000, rhif 768 (*Caernarfon*) a rhif 750 (*Rhosneigr*)
**Cyngor arbennig:**
(i) Os cychwynnwch y daith pan fydd y llanw ar drai, gallwch ddilyn glannau afon Ffraw bob cam o'r hen bont i Drwyn Du, a chroesi'r sarn sy'n arwain o draeth Porth Cwyfan i'r eglwys fechan ar yr ynys ynghanol y bae.
(ii) Mae siambr fewnol Barclodiad y Gawres dan glo ond gallwch gael benthyg allwedd y glwyd yn Llys Llywelyn. Bydd rhaid talu ernes o £5. Mae'n dywyll yng nghrombil y gromlech, felly ewch â fflachlamp gyda chi.
(iii) Mae Llys Llywelyn a Chanolfan Treftadaeth Glannau Môn,

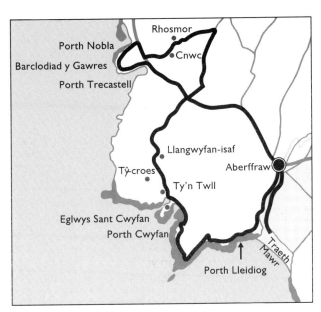

Aberffraw, ar agor o ddechrau Ebrill hyd ddiwedd Medi. Mae yno arddangosfa, siop a chaffi (gofynnwch ydyn nhw'n gwerthu teisennau Berffro (Aberffraw), bisgedi brau a blasus ar ffurf cregyn). Mae'r ganolfan hefyd yn trefnu darlithoedd a theithiau cerdded.
(iv) Darllenwch yr hysbysfwrdd yn y llecyn parcio. Mae'n rhoi gwybodaeth am ffurfiant y twyni tywod, a'r planhigion a'r creaduriaid sy'n byw yn y cynefin diddorol, ond bregus, hwn.

## G E I R F A

| | |
|---|---|
| llecyn | *place, spot* |
| llanw | *tide* |
| ar drai | *going out* |
| bob cam | *all the way* (lit. every step) |
| sarn | *causeway* |
| bechan | *small (fem.)* |
| mewnol | *inner* |
| Barclodiad y Gawres | *lit. the giantess' apronful* |
| ernes | *deposit* |
| crombil | *innards* |
| brau | *crumbly* |
| hysbysfwrdd | *notice-board* |
| ffurfiant | *formation* |
| creadur(iaid) | *creature(s)* |
| cynefin | *habitat* |
| bregus | *fragile* |

## GEIRFA

| | |
|---|---|
| anwybyddu | to ignore |
| oni bai | unless |
| amgylchynu | to go around |
| gwyro | to veer |
| gofal piau hi! | take care! |
| danheddog | jagged (o 'dannedd') |
| tir mawr | mainland |
| clas | monastery |
| graeanog | with a surface of gravel |
| mynedfa | entrance |

Afon Ffraw, ar benllanw, ac Aberffraw o Drwyn Du

### Y daith

Croesi'r hen bont, troi i'r chwith a dilyn glannau afon Ffraw tua'r môr. Y tu draw i fythynnod Glan yr Afon, anwybyddu'r arwydd "Coastal Walk" sy'n cyfeirio tua'r tir oni bai bod y llanw'n eich rhwystro rhag dilyn glan yr afon. Os yw'r llanw yn uchel, dilyn yr arwydd a'r llwybr sy'n amgylchynu'r tŷ, "Y Cei" (SH 355687), ar lan yr afon. Gyferbyn â'r twyni uchel sy'n codi uwchlaw Traeth Mawr, gwyro i'r dde, drwy'r glwyd (SH 352681) a dilyn y llwybr ar draws Trwyn Du (SH 352679) i gyfeiriad Porth Lleidiog (SH 349678). Croesi traeth Porth Lleidiog a'r creigiau (gofal piau hi!) ar ochr orllewinol y bae er mwyn ailymuno â Llwybr yr Arfordir, sy'n dilyn glannau creigiog a danheddog y rhan yma o'r ynys. Ym Mhorth Cwyfan, croesi'r traeth ac yna'r sarn sy'n cysylltu'r ynys â'r tir mawr. Sefydlodd Sant Cwyfan ei glas ar yr ynys yn y seithfed ganrif ond mae'r eglwys bresennol yn dyddio o'r ddeuddegfed ganrif. O'r traeth, dilyn y lôn raeanog heibio i fwthyn Ty'n Twll (SH 336686) a Llangwyfan-isaf (SH 335693 ), ac yna'r lôn darmac o fynedfa hen wersyll milwrol Tŷ-croes cyn belled â'r groesffordd (SH 340702). Cerdded ar hyd yr A4080 i Borth Trecastell (Cable Bay). O'r maes parcio, dilyn y llwybr heibio i Farclodiad y Gawres (SH 329707). Ym Mhorth Nobla (SH 331711), troi i'r dde ac yna i'r chwith ger bwthyn Cwningar (SH 333709), ar fin yr A4080. Dilyn y lôn fferm, heibio i Cnwc (SH 337710) a Rhosmor (SH 338712), cyn belled â'r lôn darmac yr ochr draw i ddyffryn Trecastell.

Troi i'r dde a cherdded heibio i Eglwys y Santes Fair (SH 344710) yn ôl i'r ffordd fawr. O'r groesffordd, dilyn yr A4080 i Aberffraw, gan gadw eich llygaid ar y ffordd yn hytrach nag ar yr olygfa wych o fynyddoedd Eryri a bryniau Llŷn o'ch blaen! Yn ôl yr arwydd ar dalcen y dafarn ar fin y ffordd, dyma "Lle bu trigfa gynt Llewelyn (*sic*)" ond Llys Llywelyn yw'r lle i ddysgu mwy am hanes Tywysogion Gwynedd.

O'r llecyn parcio, dilyn glan ddwyreiniol afon Ffraw i Draeth Mawr ac yn ôl.

Traeth Mawr, Aberffraw. Y copaon yr ochr draw i Fae Caernarfon yw (o'r chwith i'r dde): Bwlch Mawr, Y Gurn Goch, Y Gurn Ddu, Moel Penllechog a'r Eifl. Mae pentre Llanaelhaearn ar lawr y bwlch rhwng yr Eifl a Moel Penllechog

## Creigiau hynaf Cymru

Ychydig iawn o greigiau Cymru sy'n iau na 290 o filiynau o flynyddoedd oed. Ffurfiodd y rhan fwyaf o greigiau Gwynedd dros 440 o filiynau o flynyddoedd yn ôl. Dyna faint yw oedran creigiau'r mynyddoedd – y Carneddau a'r Gluderau, Yr Wyddfa a'i chriw, Moel Hebog a'r Garnedd Goch, a'r Gurn Ddu a'r Eifl – yr ochr draw i'r Fenai. Ond mae'r rhan fwyaf o greigiau Môn dros 625 o filiynau o flynyddoedd oed. Creigiau metamorffig yw llawer ohonyn nhw, creigiau sydd wedi newid eu ffurf ar ôl cael eu pobi a'u cywasgu yng nghramen y Ddaear. Math o graig fetamorffig yw'r sgistau gwyrdd a llwyd sy'n brigo ar hyd yr arfordir rhwng Aberffraw a Phorth Nobla.

Y gŵr cyntaf i sylweddoli pa mor hen yw creigiau'r ynys oedd y daearegydd enwog, Andrew Crombie Ramsay (1814-91), awdur y campwaith *The Geology of North Wales* (1866) a Chyfarwyddwr y British Geological Survey rhwng 1871 a 1881. Ond nid y creigiau Cyn-Gambriaidd oedd unig atyniad yr ynys. Yn ystod haf 1850 treuliodd ychydig ddiwrnodau ar aelwyd y Parchedig James Williams, rheithor Llanfair-yng-Nghornwy a hen daid yr arlunydd enwog o Fôn, Kyffin Williams. Yn y rheithordy cwrddodd Ramsay â Louisa, merch y rheithor, a syrthio mewn cariad â hi. Ar ôl

## GEIRFA

| | |
|---|---|
| cyn-hanes | prehistoric |
| di-nod | insignificant |
| ymwthio | to push out |
| dynodi | to mark |
| carnedd | cairn |
| yr Oes Efydd | the Bronze Age |
| beddrod | grave |
| yn rhannol | partly |
| gwersyllfa | encampment |
| heliwr (helwyr) | hunter(s) |
| cloddiwyd | were excavated |
| cafwyd hyd i | was found |
| pennau saethau | arrowheads |
| ysgrafell(od) | scraper(s) |
| callestr | flint |
| golosg | charcoal |
| pentir | headland |
| bryd hynny | at that time |
| henebion | ancient monuments |
| hynotaf (hynod) | most remarkable |
| siambr gladdu | burial chamber |
| cawres | giantess |
| llond ei barclod | apronful |
| tywyrch | turf |
| bryncyn | hillock |
| beddrodau cyntedd | passage graves |
| cerfiedig | carved |
| gweddillion | remains |
| defod gladdu | burial ritual |
| olion | traces |
| cainc | branch |
| llys(oedd) | court(s) |
| heb ganiatâd | without permission |
| dial | to take revenge |
| niweidio | to injure |
| march (meirch) | horse(s) |
| er gwaetha(f) | in spite of |
| hunllef | nightmare |
| drygioni | evil |

ymddeol ymgartrefodd Ramsay a'i wraig ym Miwmaris. Bu farw ar 9 Rhagfyr 1891 a chael ei gladdu ym medd teulu ei wraig ym mynwent eglwys Llansadwrn (SH 554758).

### Yr oesoedd cyn-hanes

Digon di-nod yw'r chwe charreg sy'n ymwthio drwy borfa'r Trwyn Du ond maen nhw'n dynodi safle o ddiddordeb archeolegol arbennig. Gweddillion carnedd sy'n dyddio o'r Oes Efydd yw'r meini, ond codwyd yr hen feddrod yn rhannol dros wersyllfa a fu'n gartref dros dro i helwyr Mesolithig. Pan gloddiwyd y safle yn 1974 cafwyd hyd i bennau saethau ac ysgrafellod callestr, a golosg hen aelwyd. Yn ôl dyddiad radiocarbon diffoddodd tân y gwersyll hwn tua 9,000 o flynyddoedd yn ôl, 5,000 o flynyddoedd cyn codi'r garnedd ar y pentir uwchlaw aber afon Ffraw. Ond roedd yr olygfa yn wahanol iawn yn ystod y cyfnod Mesolithig. Bryd hynny, roedd lefel y môr o leiaf 10 metr yn is nag y mae nawr ac roedd dyffryn Ffraw yn ymestyn yn bellach tua'r de-orllewin.

Mae'n debyg mai cromlech Pentre Ifan yng ngogledd sir Benfro yw'r enwocaf o holl henebion megalithig Cymru, ond un o'r hynotaf yw siambr gladdu Barclodiad y Gawres. Yn ôl y chwedl, casglodd cawres lond ei barclod o feini a thywyrch ac yna gollwng y llwyth yn un pentwr ar y pentir i'r gogledd o Borth Trecastell. Ond beddrod yw'r bryncyn ac fe gafodd ei godi gan ffermwyr Neolithig, tua 5,000 o flynyddoedd yn ôl. Mae'n perthyn i'r un traddodiad â beddrodau cyntedd enwog dyffryn An Bhóinn (Boyne), Swydd An Mhí (Meath), Iwerddon, fel Sí an Bhrú (Newgrange). Edrychwch yn arbennig ar y pum carreg gerfiedig a'r patrymau igam-ogam ar eu hwynebau. Yn 1952-53 cafodd archeolegwyr hyd i weddillion defod gladdu ar y safle, sef golosg wedi ei gymysgu ag olion anifeiliaid bychan.

### Stori Branwen

Stori drist iawn yw "Branwen Ferch Llŷr", ail gainc y *Mabinogion*. Yn llys Bendigeidfran yn Aberffraw y cytunodd Branwen i briodi Matholwch, brenin Iwerddon. Ond oherwydd iddi gytuno heb ganiatâd ei brawd Efnisien, penderfynodd e ddial arni drwy niweidio meirch Matholwch. Er gwaetha hyn, cafodd y pâr priod groeso mawr yn Iwerddon. Ymhen blwyddyn, fodd bynnag, trodd eu priodas yn hunllef pan benderfynodd Matholwch ddial ar Branwen am ddrygioni ei brawd Efnisien. Arweiniodd hyn at ymladd ffyrnig yn Iwerddon rhwng gwŷr Bendigeidfran a milwyr Matholwch. Er mai'r Cymry a enillodd y frwydr, dim ond saith gŵr a ddychwelodd i Gymru yng nghwmni Branwen.

Ar ôl dychwelyd i Ynys Môn torrodd Branwen druan ei chalon, a marw. Yn ôl y traddodiad, cafodd ei chladdu ym Medd Branwen (SH 361849) ar lan afon Alaw.

## Llys Aberffraw

Mae gan Aberffraw le anrhydeddus iawn yn hanes Cymru. Yma, yn y flwyddyn 870, sefydlwyd un o lysoedd tywysogion Gwynedd. O'i lys yn Aberffraw roedd Rhodri Mawr (m. 878) yn teyrnasu dros ran helaeth o Gymru. Aberffraw oedd safle prif lys Tywysogion Gwynedd yn yr Oesoedd Canol ac yn ystod y cyfnod hwn Llywelyn Fawr (1173-1240), Tywysog Aberffraw ac Arglwydd Eryri, oedd y pwysicaf a'r mwyaf grymus o lywodraethwyr Cymru. Llwyddodd i ennill teyrngarwch arglwyddi Cymru a thanseilio gafael Coron Lloegr ar y wlad.

Roedd Llywelyn Ein Llyw Olaf (c.1225-82) yn ŵyr i Llywelyn Fawr ac ar ôl arwyddo Cytundeb Trefaldwyn yn 1267 bu'n rhaid i Henry III, brenin Lloegr, dderbyn ei statws fel Tywysog Cymru. Ond pan

"Y Tywysogion", cofeb i Dywysogion Gwynedd yn Llys Llywelyn, gan y cerflunydd Jonah Jones

laddwyd Llywelyn ar 11 Rhagfyr 1282 daeth diwedd ar linach frenhinol Gwynedd. Roedd hi'n golled enbyd a doedd neb yn fwy digalon na'r bardd, Gruffydd ab yr Ynad Coch:

Oer calon dan fron o fraw
Am frenin, dderwin ddôr, Aberffraw.

My heart is frozen in a terror-struck bosom
For the king, oaken bulwark, of Aberffraw.

# Taith 3: Moelydd Trawsfynydd

## G E I R F A

| | |
|---|---|
| moel(ydd) | bare summit |
| rhwystr | obstacle, obstruction |
| bydd gofyn i chi | you will be required to |
| ysgyfarnog(od) | hare(s) |
| bwlch (bylchau) | gap, pass |
| cydnabyddedig | recognised |
| pyllau mawnog | peaty pools |
| clawdd (cloddiau) | bank(s) |

**Dechrau a gorffen:** ar fin y lôn (SH 684358) rhwng Ty'n Twll (SH 685357) a Moelfryn-uchaf (SH 683360). Does fawr o le i barcio yn y man yma. Os ydych yn gadael car ar fin y ffordd, gwnewch yn siŵr na fydd e'n rhwystr i eraill.

**Pellter:** 11.0 km (6.8 milltir)

**Codiad:** 405 m (1,329 tr.)

**Amser:** 5-6 awr

**Mapiau:** Landranger 1:50,000, rhif 124 (*Dolgellau*); Outdoor Leisure 1:25,000, rhif 18 (*Eryri: ardal Harlech a'r Bala*)

**Cyngor arbennig:**

(i) Er nad yw hon yn daith bell, dyma'r galetaf o'r holl deithiau. Mae'r tir yn arw iawn ac mae rhai o'r llethrau yn serth ac yn greigiog iawn. Bydd gofyn i chi ddringo hefyd i gopa Foel y Gyrafolen (SH 672353; 353 m), Diffwys (SH 663350; 577 m) a Foel Penolau (SH 662348; 614 m) cyn cyrraedd Moel Ysgyfarnogod (SH 658346; 623 m), y copa uchaf sydd 405 metr uwchlaw man cychwyn y daith. A dylech gofio bod bylchau rhwng pob copa!

(ii) Dim ond rhannau o'r daith sy'n dilyn llwybrau cyhoeddus cydnabyddedig. Mae'n bwysig, felly, eich bod chi'n dewis eich llwybr yn ofalus, gan osgoi'r pyllau mawnog. Mae pyllau mawnog hyd yn oed ar gopa Foel y Gyrafolen!

(iii) Dylech ddewis diwrnod braf cyn mentro ar y copaon hyn am y tro cyntaf.

### Y daith

O'r lôn, dilyn y llwybr cyhoeddus rhwng y cloddiau, i fyny'r llethr,

*Diffwys: yn edrych tua'r gogledd ogledd-ddwyrain. Moel Siabod yw'r copa ynghanol y llun*

## G E I R F A

| | |
|---|---|
| llidiart | gate |
| yn hytrach na | rather than |
| camfa | stile |
| criafolen | rowan-tree, mountain ash |
| esgyn | to ascend, to go up |
| maen (meini) | stone(s) |
| agen(nau) | fissure(s) |
| arwyneb(au) | surface(s) |
| piler triongli | triangulation pillar |
| pentwr | pile |
| ysgwydd | shoulder |
| tywarchen | turf |
| pedol | horseshoe |
| tomen(nydd) | tip(s) |
| corlan(nau) | sheep fold(s) |

heibio i'r hen adeiladau fferm ar y dde. Ymhen 200 metr, ymlwybro drwy'r cyntaf o dri chae cyn belled â llidiart y mynydd (SH 674359). Yr ochr draw i'r llidiart mae tir agored y mynydd. Yn hytrach na dilyn y llwybr, sy'n gwyro tua'r dde, troi i'r chwith, dilyn y wal gerrig ac yna croesi'r gamfa (SH 672357) wrth droed Foel y Gyrafolen (ffurf ar y gair "criafolen" yw "cyrafolen"). Igam-ogamu i fyny llethrau gogleddol y foel. Ar y copa, troi tua'r gorllewin. Anelu at y wal gerrig sy'n croesi'r bwlch rhwng Foel y Gyrafolen a Diffwys. Yr ochr draw i'r bwlch, cadw'n glòs at ochr uchaf y wal dros bellter o 100 metr cyn gwyro i'r dde a dringo'n raddol, ac yn hamddenol, ar draws y creigiau tua chopa Diffwys. Croesi'r bwlch i'r de-orllewin o'r copa ac esgyn llethrau serth Foel Penolau, gan gymryd gofal wrth ddringo ar draws y meini mawrion wrth droed y foel.

Mae angen gofal ar ben Foel Penolau hefyd gan fod agennau mawr mewn mannau, rhwng arwynebau'r creigiau moel. Er mwyn osgoi'r clogwyn fertigol sy'n codi uwchlaw'r bwlch rhwng y ddwy foel, rhaid dilyn llwybr i lawr llethrau de-ddwyreiniol Foel Penolau cyn troi tua'r de-orllewin. Croesi'r bwlch, dringo i fyny llethrau glaswelltog Foel Ysgyfarnogod, heibio i'r piler triongli ac ymlaen cyn belled â phentwr o gerrig ar ysgwydd y foel (SH 657347), uwchlaw Llyn y Dywarchen neu Lyn y Bedol. Troi tua'r de-orllewin ac yn y bwlch (SH 655345) wrth droed y foel, troi i'r dde (gogledd-ddwyrain) gan ddilyn llethrau isaf y dyffryn (mae'r llawr yn wlyb iawn) cyn belled â glannau'r llyn (SH 653349; mae tomennydd hen waith manganîs ar lan ogleddol y llyn). Troi tua'r gogledd-ddwyrain a dilyn troed y llethrau serth, heibio i'r

## G E I R F A

| | |
|---|---|
| cyffiniau | neighbourhood |
| hafn | ravine |
| gofal piau hi | take care |
| rhostir | moor, heath |
| addas | suitable |
| pennaf cyfrifol | mainly responsible |
| moelni | bareness |
| gorchuddio | to cover |
| trwchus | thick |
| dinoethi | to strip bare |
| erydu | to erode |
| dadmer | to thaw, to melt |
| rhewllyd | icy |
| gwasgaru | to scatter |
| o'u cymharu â/ag | compared with |
| haen ar ben haen | layer upon layer |
| gro mân | gravel, shingle |
| ymgasglu | to accumulate |
| tywodfaen bras | coarse sandstone |
| cerrig llaid | mudstones |
| cyfnod daearegol | geological period |
| daearegydd | geologist |
| treulio | to spend (time) |
| cwmpawd | compass |

waliau cerrig a'r hen gorlannau yng nghyffiniau SH 656350, SH 656352 a SH 657354, draw i gopa Moel Ddinas (SH 657355). Ger y pentwr cerrig ar drwyn gogleddol y foel (SH 657359), dilyn hafn serth i lawr y llethrau (gofal piau hi), gan anelu at wal gerrig ar y chwith. Ar ôl cyrraedd y gamfa (SH 655360), troi i'r dde a cherdded ar hyd y llwybr cyhoeddus sy'n rhedeg gydag ochr uchaf wal gerrig cyn belled â SH 662363, ar lethrau gorllewinol Cwm Moch. Gan anelu at y bwlch rhwng Craig Gwynt (SH 671365) a Foel y Gyrafolen, dilyn y llwybr aneglur braidd ar draws y rhostir, croesi'r bont (SH 665362), ac yna yn ôl i lidiart y mynydd ar hyd y llwybr sy'n dringo llethrau dwyreiniol Cwm Moch.

### Y Rhinogydd

Mae sawl ystyr i'r gair "diffwys". Dyma rai o'r ystyron sy'n cael eu rhestru yn *Geiriadur Prifysgol Cymru*: llechwedd serth, clogwyn, tir garw, diffeithwch, anialdir. Felly, mae Diffwys yn enw addas iawn ar un o gopaon y rhan yma o'r Rhinogydd. Mae "moel" yr un mor addas gan mai ystyr y gair hwn yw copa mynydd noeth a llwm. Iâ sydd yn bennaf cyfrifol am foelni'r Rhinogydd. Yn ystod yr Oes Iâ ddiwethaf, tua 18,000 o flynyddoedd yn ôl, roedd y

mynyddoedd hyn wedi eu gorchuddio dan len iâ drwchus. Wrth i'r iâ symud dros y tir roedd yn dinoethi ac yn erydu'r creigiau. Ac wrth iddo ddadmer, ar ddiwedd y cyfnod rhewllyd, cafodd meini mawr eu gwasgaru ar hyd a lled y fro.

O'u cymharu ag olion yr Oes Iâ mae creigiau'r ardal yn hen iawn iawn. Cawson nhw eu ffurfio tua 530 o filiynau o flynyddoedd yn ôl wrth i haen ar ben haen o ro mân, tywod a llaid ymgasglu ar lawr y môr. Mae'r haenau o dywodfaen bras a cherrig llaid yn perthyn i'r oes Gambriaidd, y cyfnod daearegol cynharaf ond un. Y gŵr a roddodd yr enw Cambriaidd ar y creigiau hyn oedd y daearegydd enwog Adam Sedgwick (1785-1873), a ddechreuodd fapio creigiau gogledd-orllewin Cymru yn 1831. Teithiodd i Gymru yng nghwmni un o'i ddisgyblion enwocaf, sef Charles Darwin (1809-82). Ar ôl treulio peth amser yng nghwmni ei gilydd ffarweliodd Darwin â'i athro daeareg yng Nghapel Curig. Gyda chwmpawd a map yn ei ddwylo cerddodd Darwin o Gapel Curig i Abermaw, gan ddilyn llinell unionsyth ar draws y mynyddoedd, taith o 27 milltir a fyddai wedi ei arwain dros gopa Moel Ysgyfarnogod!

*Llyn y Dywarchen neu Lyn y Bedol: yn edrych tua'r gogledd. Mae llystyfiant yn tagu hanner gorllewinol y llyn. Yr Wyddfa yw'r copa uchaf ar y chwith. Ar y dde mae cwmwl yn bwrw cysgod dros Foelwyn Mawr â Moelwyn Bach*

## 'Ar ddisgwylfa uchel gribog'

Wn i ddim a oedd William Williams, Pantycelyn, yn gyfarwydd â'r Rhinogydd ond mae'r llinell uchod o'i waith yn ddisgrifiad rhagorol o foelydd Trawsfynydd. Dyma ddisgwylfa ddiguro ('disgwyl' yn ystyr y De, sef 'edrych', nid yn ystyr y Gogledd, *'to wait'*), a champ y cerddwr wrth sefyll ar Foel Ysgyfarnogod, er enghraifft, yw enwi'r copaon o'i amgylch. Dyma'r amlycaf ohonyn nhw: tua'r gorllewin, Carn Fadrun a'r Eifl yn codi uwchlaw llwyfandir Llŷn; tua'r gogledd, Moel Hebog, Yr Wyddfa, Gluder Fawr a Moel Siabod, mynyddoedd sydd yn gefndir i'r Cnicht a'r ddau Foelwyn; tua'r dwyrain a'r de-ddwyrain, Arennig Fawr, Aran Benllyn a Rhobell Fawr; ac i'r de Cader Idris a'r Rhinogydd.

Mae'r olygfa ar draws Morfa Harlech, a Thraeth Bach a Thraeth Mawr, aberoedd afonydd Dwyryd a Glaslyn yr un mor drawiadol. Ar lan ogleddol Traeth Bach, gyferbyn ag Ynys Gifftan (SH 601371), mae Portmeirion (SH 590372), creadigaeth y pensaer Clough Williams-Ellis (1883-1978). Agorodd y pentre gwyliau Eidalaidd-ei-olwg yn 1926, ac yn y 1960au daeth yn enwog fel man ffilmio'r gyfres deledu boblogaidd, *The Prisoner*.

## Parc Cenedlaethol Eryri a Gorsaf Ynni Niwclear Trawsfynydd

Dynodwyd Parc Cenedlaethol Eryri yn 1951. Un o ddyletswyddau statudol Awdurdod y Parc Cenedlaethol yw gwarchod a harddu fwyfwy harddwch yr ardal. Ond cafodd bro Hedd Wyn ei chreithio pan roddodd y Llywodraeth ei chaniatâd i godi Gorsaf Trawsfynydd, yr unig orsaf

| GEIRFA | |
|---|---|
| llystyfiant | *vegetation* |
| tagu | *to choke* |
| disgwylfa | *look-out* |
| cribog | *crested* |
| cyfarwydd â | *familiar with* |
| diguro | *second to none* |
| camp | *feat* |
| amlycaf | *most prominent* |
| llwyfandir | *plateau* |
| yr un mor drawiadol | *just as impressive* |
| creadigaeth | *creation* |
| pensaer | *architect* |
| Eidalaidd-ei-olwg | *Italianate* |
| dynodi | *to designate* |
| dyletswyddau statudol | *statutory responsibilities* |
| harddu fwyfwy | *to make ever more beautiful* |
| creithio | *to scar* |

| | |
|---|---|
| rhoi'r gorau i | to give up |
| tanwydd | fuel |
| adweithydd | reactor |
| datgomisiynu | to decommission |
| adfer | to restore |
| ymbelydredd | radioactivity |
| bugail o fardd | a shepherd-poet |
| heb fod yn bell | not far |
| gwaedd | shout |
| hel | to send, to pack off |
| brwydr | battle |
| awdl | ode in strict Welsh metres |
| Penbedw | Birkenhead |
| englyn(ion) coffa | 4 line verse in cynghanedd (strict pattern of alliteration) |
| cadwyn | chain |
| tyner | gentle |
| mawnog | peatbog |
| tithau | you (on the other hand) |
| gro | gravel, soil |
| ffos | ditch, trench |
| gorffwyso | to rest |
| cerflun | statue |

*Llyn Trawsfynydd a'r orsaf ynni niwclear*

ynni niwclear mewn Parc Cenedlaethol. Bu'r orsaf yn cynhyrchu trydan dros gyfnod o chwe blynedd ar hugain ond, am resymau diogelwch, bu'n rhaid rhoi'r gorau i hyn yn Chwefror 1991. Caewyd yr orsaf yng Ngorffennaf 1993. Erbyn Hydref 1995 cwblhawyd y gwaith o symud y tanwydd niwclear o'r ddau adweithydd i ganolfan ailbrosesu Sellafield. Nod y cynllun datgomisiynu yw adfer y safle i'w gyflwr gwreiddiol ond dyw cwmni Trydan Niwclear ddim yn rhag-weld y bydd y gwaith hwn yn dod i ben tan y flwyddyn 2136. Erbyn hyn bydd yr ymbelydredd wedi gostwng i lefel "ddiogel".

### Hedd Wyn

Bugail o fardd oedd Hedd Wyn (Ellis Humphrey Evans [1887-1917]) a gafodd ei godi a'i fagu ar fferm yr Ysgwrn yng nghwm Prysor, heb fod yn bell o bentre Trawsfynydd. Dyma ddwy linell olaf ei gerdd fawr enwog, 'Rhyfel':
A gwaedd y bechgyn lond y gwynt
A'u gwaed yn gymysg efo'r glaw.

Ac "yn gymysg efo'r glaw" roedd gwaed Hedd Wyn yn fuan ar ôl iddo fe a bechgyn eraill gael eu hel i Ffrainc i gymryd rhan ym mrwydr Passchendaele, un o frwydrau mawr y Rhyfel Byd Cyntaf. Ym mis Medi 1917, lai na deufis wedi iddo gael ei ladd, enillodd ei awdl, "Yr Arwr", Gadair Eisteddfod Penbedw, y Gadair Ddu.

Cyfansoddodd y bardd R. Williams Parry (1884-1956) englynion coffa enwog i Hedd Wyn. Dyma un englyn o'r gadwyn o wyth:

Tyner yw'r lleuad heno – tros fawnog
Trawsfynydd yn dringo:
Tithau'n drist a than dy ro
Ger y ffos ddu'n gorffwyso.

Mae cerflun o Hedd Wyn yn sefyll ynghanol pentre Trawsfynydd.

# Taith 4:
# Dyffryn Mawddach a Foel Cynwch

**Dechrau a gorffen:** y maes parcio (SH 719192) ger yr hen bont dros afon Mawddach, heb fod yn bell o Abaty Cymer.

**Pellter:** 19.4 km (12.0 milltir)

**Codiad:** 240 m (787 tr.)

**Amser:** 5 awr

**Mapiau:** Landranger 1:50,000, rhif 124 (*Dolgellau*); Outdoor Leisure 1:25,000, rhif 18 (*Eryri: ardal Harlech a'r Bala*) a 23 (*Eryri: ardal Cadair Idris*)

**Cyngor arbennig:**

(i) Mae'r rhan honno o Lwybr Cynwch, 230 metr (755 tr.) uwchlaw dolydd afon Mawddach, yn wastad ond braidd yn gul. Mae'r llethrau islaw'r llwybr yn serth iawn. Os yw uchder yn codi ofn arnoch chi efallai fyddwch chi ddim yn hoffi'r rhan yma o'r daith.

(ii) Llwybr cwrteisi yw Llwybr Cynwch, nid llwybr cyhoeddus. Mae cytundeb rhwng perchenogion Stad Nannau ac Awdurdod Parc Cenedlaethol Eryri yn caniatáu i aelodau o'r cyhoedd gerdded y llwybr bob dydd o'r flwyddyn, ac eithrio ar 1 Chwefror. Mae'r llwybr ar gau ar y diwrnod hwnnw.

(iii) Darllenwch y paneli esboniadol dwyieithog ar safle Abaty Cymer, a'r rheini ar hyd Llwybr Cynwch sy'n cynnig gwybodaeth ddifyr am dirwedd y fro, y llystyfiant a'r defnydd tir.

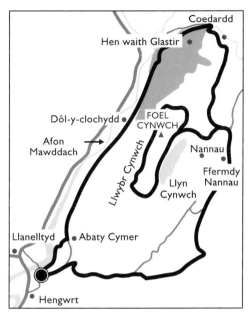

## Y Daith

O'r maes parcio, dilyn yr arwyddion i Abaty Cymer (mae tâl mynediad i'r abaty). Cerdded yn ôl ar hyd yr un lôn. Ym mhen draw'r lôn, troi i'r chwith, yna i'r chwith eto a chadw i'r chwith lle mae'r ffordd yn fforchio. Dilyn y ffordd dawel uwchlaw dolydd afon Mawddach, heibio i Ddolwar (SH 723202) a Dôl-y-clochydd (SH 730214). Yn y coed (SH 736223), ger cymer afon Las ac afon Mawddach, gadael y ffordd gan droi i'r dde a dilyn llwybr drwy Goed Glastir. Mae llun caib a rhaw ar arwyddion y llwybr yma sydd yn

## GEIRFA

| | |
|---|---|
| abaty (abatai) | *abbey(s)* |
| dôl (dolydd) | *meadow(s)* |
| gwastad | *flat, level* |
| serth | *steep* |
| uchder | *height* |
| codi ofn (ar) | *to frighten* |
| ac eithrio | *apart from* |
| esboniadol | *explanatory* |
| tirwedd | *landscape* |
| llystyfiant | *vegetation* |
| ym mhen draw | *at the end (of)* |
| fforchio | *to fork* |
| cymer | *confluence* |
| caib a rhaw | *pick and shovel* |

## GEIRFA

| | |
|---|---|
| rhybuddio | to warn |
| glan(nau) | bank(s) |
| adfail (adfeilion) | ruin(s) |
| mwynglawdd | mine |
| cyffordd | junction |
| gwyro i'r dde | to veer right |
| yn groes i'r cloc | anti-clockwise |
| ailymuno | to rejoin |
| porthdy | lodge |
| pandy | fulling-mill |
| mynach (mynaich, mynachod) | monk(s) |
| mamfynachlog | parent-monastery |
| sefydlu | to establish |
| diarffordd | remote |

*Abaty Cymer*

arwain trwy hen waith copor Glastir. Mae arwyddion eraill yn eich rhybuddio chi o beryglon y safle. Ar ôl cyrraedd y ffordd (SH 743226), troi i'r chwith, croesi'r bont ar draws yr afon, a mynd i lawr yr heol cyn belled â'r safle picnic (SH 739226) uwchlaw glannau gogleddol afon Las, gyferbyn ag adfeilion mwynglawdd Glastir. Cerdded yn ôl i'r bont ac yna, ymhen tua 400 metr, troi i'r dde a dilyn yr heol bron cyn belled â ffordd Llanfachreth-Dolgellau. Tua 150 metr yn fyr o'r gyffordd, troi i'r dde (SH 744212). Dyma fan cychwyn Llwybr Cynwch. Y tu draw i Wern-offeiriad (SH 742213) ac yng ngolwg Llyn Cynwch, gwyro i'r dde a dilyn y llwybr o amgylch Foel Cynwch (326 m; SH 736219) a Foel Faner (290 m; SH 733204) yn groes i'r cloc. Y tu hwnt i lan ogleddol Llyn Cynwch, ailymuno â rhan gyntaf Llwybr Cynwch a cherdded yn ôl i'r heol. Troi i'r dde ac ymhen 150 metr troi i'r dde eto gan ddilyn y ffordd i gyfeiriad Dolgellau, heibio i faes

parcio Parc Cenedlaethol Eryri, ffermdy Nannau a phorthdy'r stad ar waelod y rhiw. Ger y caban ffôn (SH 738192), tua 550 metr o'r porthdy, gwyro i'r dde a dilyn yr heol gul, heibio i Bandy-bach (SH 734192) yn ôl i'r man cychwyn.

### Y Mynaich Gwyn ac Abaty Cymer

Daeth y Sistersiaid, neu'r mynaich gwyn, i Gymru o Citeaux yn nwyrain Ffrainc ar ddechrau'r ddeuddegfed ganrif. Cafodd yr Hendy-gwyn, mamfynachlog y mynaich hyn, ei sefydlu yn 1140. Cawson nhw groeso gan y Cymry a gyda chymorth tywysogion y wlad agorwyd abatai newydd mewn cymoedd diarffordd eraill yng Nghymru. Yr Hendy-gwyn oedd mamfynachlog Abaty Cwm-hir, a sefydlwyd ym Maelienydd (Powys) yn 1176. Ac yn 1198, mynaich o Gwm-hir fu'n

24

gyfrifol am sefydlu Abaty Cymer, heb fod yn bell o gymer neu fan cyfarfod afon Mawddach ac afon Wnion.

Ymhlith noddwyr yr abaty roedd Llywelyn Fawr (1173-1240), Tywysog Aberffraw ac Arglwydd Eryri, a Llywelyn ein Llyw Olaf, a gafodd ei ladd ar 11 Rhagfyr 1282. Roedd y mynaich yn eu cynnal eu hunain drwy fagu defaid, gwartheg a cheffylau ar y tiroedd oedd yn eiddo iddyn nhw yng nghyffiniau Llanelltyd (SH 715196) a Llanfachreth (SH 755225), ac ym Mhenrhyn Llŷn. Er hynny, abaty bach, anorffenedig a thlawd oedd Cymer, ac erbyn 1388 roedd yn gartref i bum mynach yn unig. Dadfeilio fu hanes yr abaty wedi Diddymiad y Mynachlogydd. Mae'r adfeilion wedi'u diogelu gan Cadw ond mae rhu'r drafnidiaeth ar hyd yr A470, a'r maes carafannau gerllaw, yn difetha naws yr hen lecyn tawel ar ddolydd afon Mawddach.

## Cyfoeth y creigiau: mwynglawdd Glastir

Mae ardal Dolgellau yn enwog am ei hen weithfeydd aur, diwydiant oedd yn ei anterth rhwng 1890 a 1905. Mae'r hen fwyngloddiau, sy'n creithio llechweddau deheuol y Rhinogydd, dan gopaon Diffwys (SH 662234) a'r Garn (SH 704230), a dyffryn Mawddach i'r gogledd o

Lanelltyd, yn rhan o Faes Aur Dolgellau, y maes aur pwysicaf yng ngwledydd Prydain. Cafwyd hyd i aur ac arian yng Nglastir, ond copor oedd prif gynnyrch y mwynglawdd hwn rhwng 1850 a 1915, pryd y caeodd y gwaith.

Gwaith bach oedd Glastir ond daeth yn fyd-enwog yn ystod y 1890au a degawd cyntaf yr ugeinfed ganrif. Dyma pryd y dyfeisiodd William Elmore (un o berchenogion y mwynglawdd) a'i feibion ddull llwyddiannus o dynnu copor o fwyn isel radd. Eu cyfrinach oedd malu'r mwyn yn fân a'i gymysgu'n dda iawn ag olew a dŵr. Roedd y gronynnau copor yn glynu wrth yr olew, a'r olew yn arnofio ar wyneb y dŵr. Dyma sut roedd y mwyn yn cael ei drin yn y melinau ar lan afon Glas. Roedd yn ddarganfyddiad chwyldroadol, ac fe gafodd dull "arnofio" Elmore ei fabwysiadu mewn gweithfeydd copor ledled y byd.

## Coed y Brenin a Gardd y Goedwig

Mae Coed y Brenin yn gorchuddio llethrau cymoedd dyfnion afon Wen, Mawddach, Cain ac Eden. Rhan o'r un goedwig yw Coed Glastir. Pyrwydd Sitka a ffynidwydd Douglas yw'r coed sy'n tyfu o amgylch yr hen fwynglawdd. Ond nid dyma'r unig

| GEIRFA | |
|---|---|
| heb fod yn bell | not far |
| noddwr (noddwyr) | patron(s) |
| eu cynnal eu hunain | to maintain themselves |
| yng nghyffiniau | in the vicinity (of) |
| penrhyn | peninsula |
| anorffenedig | unfinished |
| dadfeilio | to decay, to decline |
| fu hanes | was the story |
| Diddymiad y Mynachlogydd | Dissolution of the Monasteries |
| rhu'r drafnidiaeth | roar of the traffic |
| gerllaw | nearby |
| naws | atmosphere |
| yn ei anterth | at its peak |
| creithio | to scar |
| llechwedd(au) | slope(s) |
| maes aur | gold-field |
| cafwyd hyd i | was found |
| byd-enwog | world-famous |
| degawd | decade |
| dyfeisio | to devise |
| dull | method |
| mwyn isel radd | low-grade ore |
| arnofio | to float (dull arnofio – flotation method) |
| darganfyddiad chwyldroadol | revolutionary discovery |
| mabwysiadu | to adopt |
| ledled | throughout |
| gorchuddio | to cover |
| dyfnion | deep (plural of 'dwfn') |
| pyrwydd Sitka | Sitka spruce |
| ffynidwydd Douglas | Douglas fir |

fathau o gonwydd yng Nghoed y Brenin, ac yng Ngardd y Goedwig (SH 743226), sef y goedardd ger y bont dros afon Las, mae modd gweld detholiad o wahanol gonifferau, gan gynnwys y rheini sy'n tyfu yn yr ardal.

Yn ystod y bedwaredd ganrif ar bymtheg roedd gan Fychaniaid (teulu Vaughan) Nannau ddiddordeb mawr mewn coedwigaeth a phan ddaeth tir y goedwig bresennol i ddwylo'r Comisiwn Coedwigaeth yn 1920 cafodd ei enwi yn Goedwig Vaughan. Mae'n drueni i'r enw ystyrlon hwn gael ei newid yn ddiweddarach i Goed y Brenin er mwyn cofnodi rhyw ddigwyddiad yn hanes Siôr V, brenin Lloegr.

## Llwybr Cynwch, plasty Nannau a Llyn Cynwch

Roedd y diweddar Ioan Bowen Rees yn fynyddwr profiadol ac yn ei gyfrol, *Bylchau: Ysgrifau Mynydd a Thaith* (1995), dywedodd mai ar Foel Cynwch a Foel Faner y dysgodd e "nad oes hafal i gopa isel yng nghyffiniau copaon mawr am olygfa". Gwir pob gair! Mae'r golygfeydd o Lwybr Cynwch yn odidog: i'r gogledd-ddwyrain mae Rhobell Fawr (734 m; SH 787257), gweddillion hen hen losgfynydd oedd yn fyw tua 500 miliwn o flynyddoedd yn ôl; i'r gogledd, Coed y Brenin ac yn y cefndir, y tu hwnt i orsaf ynni niwclear Trawsfynydd, mae mynyddoedd Eryri; i'r gorllewin, y Rhinogydd a dyffryn Mawddach, a'r afon yn ymddolennu tua'r môr; i'r de, tarren drawiadol Cader Idris; ac

*Llwybr Cynwch, uwchlaw dyffryn Mawddach; yr olygfa tua'r gorllewin*

*Llyn Cynwch a Chader Idris, yn y cefndir*

**G E I R F A**

| | |
|---|---|
| dal y stad | to own the estate |
| disgynnydd /disgynyddion | descendent(s) |
| gorwyr | great-grandson |
| hynafiaethydd | antiquarian |
| casglu ynghyd | to collect together |
| prif drysor(au) | main treasure(s) |
| llenyddiaeth | literature |
| gyda'r dyfnaf | amongst the deepest |
| yn ôl un chwedl | according to one tale |
| carreg aelwyd | hearthstone |
| Tylwyth Teg | fairies |

i'r dwyrain, yr Aran a chopa Moel Offrwm (SH 750209), sy'n gefndir i blasty Nannau.

Am ganrifoedd bu Nannau yn gartref i un o deuluoedd mwyaf pwerus yr hen sir Feirionnydd. Roedden nhw'n noddwyr beirdd a dyma un o'r teuluoedd olaf i gadw bardd teulu. Huw Nannau, a fu'n Aelod Seneddol dros Feirionnydd rhwng 1695 a 1701, oedd y Nannau olaf i ddal y stad. Priododd ei ferch â Robert Vaughan o'r Hengwrt (SH 723188) ac wedi hynny bu plasty Nannau yn gartref i'r Fychaniaid hyd y 1960au. Cafodd y plasty presennol, a fu'n westy tan yn ddiweddar, ei godi gan un o ddisgynyddion Robert Vaughan yn 1796. Roedd Robert Vaughan yn orwyr i Robert Vaughan (*c.*1592-1667) yr hynafiaethydd enwog, ac yn ei lyfrgell yn Hengwrt fe gasglodd ynghyd rai o brif drysorau llenyddiaeth Gymraeg.

Llyn Tegid, Y Bala, yw'r mwyaf o lynnoedd naturiol Cymru. Mae e hefyd gyda'r dyfnaf. Ond yn ôl un chwedl, mae llawr Llyn Cynwch ar yr un lefel â charreg aelwyd fferm Dôl-y-clochydd, tua 220 metr islaw wyneb y llyn! Yn ôl yr hanes, cwympodd un o weision Nannau i mewn i'r llyn pan oedd ar ei ffordd i weld ei gariad, oedd yn byw yn Nôl-y-clochydd. Ar ôl treulio peth amser yng nghwmni'r Tylwyth Teg, oedd yn byw ar waelod y llyn, dyma'r gwas yn crwydro i ben draw twnnel hir oedd yn arwain i aelwyd Dôl-y-clochydd, lle roedd ei gariad yn aros amdano.

Gyda llaw, tua 9.5 metr yw dyfnder Llyn Cynwch yn y man mwyaf dwfn!

27

# Taith 5: Dyffryn Clywedog a'r Fan

## G E I R F A

| | |
|---|---|
| golygfan | *view point* |
| argae | *dam* |
| argoel | *sign* |
| mwyn | *mineral, ore (usually a reference to lead)* |
| hysbysfwrdd/fyrddau | *notice-board(s)* |
| safle | *site* |
| llethrau dwyreiniol | *eastern slopes* |
| tomen(nydd) | *tip(s)* |
| clos | *farmyard* |
| talcen y tŷ | *side of the house* |

**Dechrau a gorffen:** y maes parcio a'r olygfan (SH 910870) uwchlaw argae Llyn Clywedog.
**Pellter:** 17.5 km (10.9 milltir)
**Codiad:** 170 m (558 tr.)
**Amser:** 4 awr
**Mapiau:** Landranger 1:50,000, rhif 136 (*Y Drenewydd a Llanidloes*); Pathfinder 1:25,000, rhif 928 (*Llanidloes*)
**Cyngor arbennig:**
(i) Er bod y llwybr cyhoeddus rhwng Llyn y Fan a'r B4518 (ffordd Llanidloes-Penffordd-las) yn ddigon eglur ar fap 1:25,000, rhif 928, does dim argoel o'r darn rhwng Pen-y-banc (SH 937870) a Bidffald (SH 933867). Felly, dilynwch y cyfarwyddiadau isod.
(ii) Darllenwch yr wybodaeth am Lyn Clywedog a Gwaith Mwyn Bryn-tail ar yr hysbysfyrddau cyn gadael yr olygfan. Cewch ragor o hanes Bryn-tail ar yr hysbysfwrdd ar safle'r hen waith. Mae'r wybodaeth i gyd yn ddwyieithog.

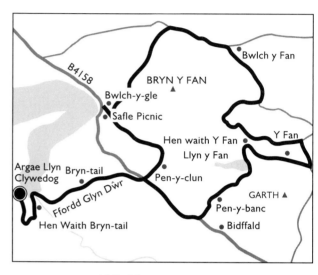

## Y Daith

O'r olygfan, cerdded i lawr y rhiw ac yna troi i'r chwith gan ddilyn yr arwydd sy'n cyfeirio at "Gwaith Bryn-tail – Parc Ceir". Croesi'r bont dros afon Clywedog, mynd ar draws safle'r hen waith a dringo'r llwybr sy'n igam-ogamu i fyny llethrau dwyreiniol y dyffryn. Dilyn y llwybr heibio i domennydd gwaith Bryn-tail ac ymlaen i fferm Bryn-tail (SH 919871). Yr ochr draw i'r clos, dilyn lôn darmac y fferm, sy'n rhan o Ffordd Glyn Dŵr, cyn belled â'r B4158 (SH 927872). Croesi'r ffordd ac ymlaen i Ben-y-clun (SH 930874). Troi i'r dde, drwy'r glwyd, heibio i dalcen y tŷ, ac yna, o flaen y tŷ, troi i'r dde a dilyn y llwybr i fyny'r cwm, wrth droed Bryn y Fan (SH 931885). Ar ôl ymweld ag argae a safle picnic Bwlch-y-gle (SH 921882), mynd yn ôl ar hyd yr un llwybr am ryw 200 metr ac yna croesi llawr y dyffryn a cherdded ar hyd y llwybr sy'n dilyn troed Bryn y Fan, tua'r gogledd-ddwyrain. Ar ôl cyrraedd y ffordd (SH 931894), troi i'r dde.

Dilyn y ffordd dros Fwlch y Fan (358 m) i gyfeiriad pentre'r Fan. Cyn cyrraedd gwaelod y rhiw, troi i'r dde (SH 943883) a cherdded ar hyd lôn garegog cyn belled â fferm y Fan (SH 939881). Ger y ffermdy, troi i'r chwith gan ddilyn llwybr concrit i lawr drwy'r cae ac yna'r lôn darmac gul o fyngalo Bryn Lludw (SH 940880; mae un o hen simneiau'r gwaith mwyn yn sefyll ar bwys y tŷ) i bentre'r Fan (SH 949878). Troi i'r dde a cherdded i lawr y ffordd, heibio i hen gapel y Wesleaid a'r brif fynedfa i Greenfields Hall, ar y dde. Ar lawr dyffryn Cerist, ar bwys y Swyddfa Bost a hen groesfan rheilffordd y Fan (SH 951874), troi i'r dde. Dilyn y ffordd heibio i'r rhes dai ac ar draws y tir lle roedd prif adeiladau'r gwaith mwyn yn arfer sefyll, cyn belled â'r wyth piler o gerrig sy'n sefyll ar ochr chwith y ffordd (SH 942877). Troi i'r chwith a cherdded draw i Lyn y Fan, ar lawr y dyffryn. Croesi argae'r llyn,

trwy'r glwyd (SH 942874) wrth droed y Garth, ac yna gwyro i'r dde, gan anelu at gornel yr allt. Cefnu ar y coed a dilyn y llwybr i fyny'r llethrau i gyfeiriad Pen-y-banc. Rhwng SH 939871 a Phen-y-banc (SH 937870) mae'r llwybr, sy'n dilyn pen y ceunant yr ochr isaf i'r ffens, yn gul iawn ac mewn mannau mae'r tir wedi rhoi. Hyd nes bod Cyngor Sir Powys yn agor y llwybr cyhoeddus rhwng Pen-y-banc a Bidffald (SH 933867), yr unig ddewis yw dilyn y lôn sy'n arwain o Ben-y-banc i'r B4518. Ar ôl cyrraedd y ffordd, troi i'r dde, dilyn y B4518 cyn belled â'r fynedfa i fferm Bryn-tail a cherdded ar hyd Ffordd Glyn Dŵr yn ôl i'r man cychwyn.

## Llyn Clywedog

Dechreuodd y dŵr gronni y tu ôl i argae Clywedog yn 1966. Mae'r llyn yn un o nifer o gronfeydd dŵr yng nghanolbarth Cymru. Prif ddiben y llynnoedd hyn yw darparu dŵr ar gyfer trigolion a diwydiannau Lerpwl a Birmingham, er bod Llyn Clywedog hefyd yn lleihau'r perygl o lifogydd yn nyffryn Hafren.

Mae'n llyn trawiadol ond dyw pawb ddim yn ei hoffi. Yn ei gyfrol *Wildlife, My Life* (1995) cyfaddefodd y naturiaethwr William Condry nad oedd e'n gallu edrych arno heb

| GEIRFA | |
| --- | --- |
| simnai (simneiau) | chimney(s) |
| prif fynedfa | main entrance |
| croesfan | crossing |
| gwyro i'r dde | to veer right |
| allt | wooded slope |
| cefnu ar | to leave behind |
| ceunant | gorge |
| wedi rhoi | has given way |
| unig ddewis | only choice |
| man cychwyn | starting point |
| cronni | to collect (cf. cronfa – reservoirs) |
| prif ddiben | main purpose |
| darparu | to provide |
| trigolion | inhabitants |
| llifogydd | floods |
| trawiadol | impressive |
| cyfaddefodd | (he) admitted |

Llyn Clywedog

## GEIRFA

| | |
|---|---|
| dwyn i gof | to remember |
| Corfforaeth Lerpwl | Liverpool Corporation |
| drysu | to confound |
| paneli gwybodaeth | information panels |
| gwrthwynebiad | opposition |
| elwa | to profit |
| bwtres(i) | buttress(es) |
| plwm | lead |
| amlygrwydd | prominence |
| darganfyddiad | discovery |
| syfrdanol | amazing |
| mwynglawdd | mine |
| cynhyrchiol | productive |
| mwyn plwm | lead ore |
| rhoi cynnig ar | to attempt to |
| barytes | barytes (barium |
| (sylffad bariwm) | sulphate) |

(Ar baneli gwybodaeth Bryn-tail mae'r term 'plwm gwyn' yn cael ei ddefnyddio i ddisgrifio 'barytes'. Ond cymysgedd o garbonad plwm [*lead carbonate*] ac ocsid plwm [*lead oxide*] yw 'plwm gwyn', nid sylffad bariwm.)

ddwyn i gof harddwch y dyffryn a foddwyd.

Pan roddodd y Llywodraeth ganiatâd i Gorfforaeth Lerpwl, yn 1957, foddi Cwm Tryweryn bu protestio mawr. Bu protestio adeg codi argae Clywedog hefyd. Ceisiodd Plaid Cymru ddrysu cynlluniau Corfforaeth Birmingham drwy brynu tir yn y dyffryn. Ond ar baneli gwybodaeth awdurdod dŵr Hafren-Trent does dim sôn am y gwrthwynebiad a fu i'r cynllun; dim sôn, chwaith, am ddinas Birmingham, sydd wedi elwa o'r cynllun. Rhyfedd, ynte? Byddai nifer fawr o bobl yn dadlau bod hanes y boddi yn bwysicach na gwybod beth yw dyfnder y dŵr a natur bwtresi concrit yr argae.

### Y gweithfeydd plwm

Daeth gweithfeydd plwm y rhan yma o Bowys i amlygrwydd yn dilyn y darganfyddiad syfrdanol yn ardal y Fan ym mis Awst 1865.

Bryn-tail yw un o'r hynaf o'r hen weithfeydd. Roedd sôn am y gwaith yn 1708, ond doedd e ddim yn fwynglawdd cynhyrchiol iawn. Dim ond 384 tunnell o fwyn plwm a gynhyrchwyd yn 1851, y flwyddyn orau yn ei hanes. Roedd mwyn plwm yn brin, mae'n amlwg. Dyw hi ddim yn syndod, felly, i'r perchenogion roi cynnig ar gloddio barytes, yn ogystal â phlwm, yn ystod y 1860au a'r 1870au. Dyma pryd y cafodd yr adeiladau ar lawr dyffryn Clywedog eu codi. Roedd y barytes yn cael ei falu a'i sychu yn y melinau hyn cyn ei gario i Wolverhampton, lle roedd yn cael ei ddefnyddio i wneud paent gwyn. Ond fuodd y fenter ddim yn llwyddiannus ac fe gaeodd y gwaith yn 1884.

Does fawr i'w weld ar safle hen waith Pen-y-clun ond, tua chanol y ganrif ddiwethaf, dyma oedd y mwynglawdd mwyaf llwyddiannus a phroffidiol yn yr hen sir Drefaldwyn. Er hynny, di-nod iawn oedd y gwaith hwn o'i gymharu â'r Fan.

Roedd gwythïen y Fan yn gyfoethog iawn iawn. Yn 1868 roedd cyfranddaliadau'r cwmni yn werth £4 5s yr un. Erbyn diwedd Ionawr 1870 roedd pob un o'r 12,000 o gyfranddaliadau yn werth £83 13s yr un! Yn ystod 1876, y flwyddyn fwyaf llwyddiannus yn hanes y gwaith, cynhyrchwyd 6,850 tunnell o fwyn plwm a thros 2,000 tunnell o fwyn sinc. Y Fan oedd y mwynglawdd mwyaf cynhyrchiol yng ngwledydd Prydain a phan oedd y diwydiant yn ei anterth roedd y gwaith yn cyflogi 700 o ddynion.

Roedd cyfraniad y rheolwr a'r peiriannydd profiadol, Capten

*Adfeilion gwaith Bryn-tail, ac argae Clywedog yn y cefndir*

## G E I R F A

| menter | enterprise |
|---|---|
| proffidiol | profitable |
| sir Drefaldwyn | Montgomeryshire |
| di-nod | insignificant |
| o'i gymharu â | compared with |
| gwythïen | vein |
| cyfranddaliad(au) | share(s) |
| yn ei anterth | in full swing, at its peak |
| peiriannydd | engineer |

31

## GEIRFA

| | |
|---|---|
| allweddol | crucial |
| capten (capteiniaid) | captain(s) |
| sicrhau | to ensure |
| llwyrymwrthodwr | teetotaller |
| pregethwr lleyg | lay preacher |
| bwrlwm | bustle |
| gweithgaredd | activity |
| daeth tro ar fyd | times changed |
| braidd dim | hardly anything |
| adfail (adfeilion) | ruin(s) |
| er budd | for the sake of |
| cynllun adfer | restoration scheme |
| hawlio | to claim |
| treftadaeth | heritage |
| amwynder(au) | amenity(ies) |
| dinistrio | to destroy |

*Y rhes dai, Y Fan*

William Williams (1825-79), yn allweddol i lwyddiant y fenter. Roedd y Cymro galluog hwn o Dreffynnon, Sir y Fflint, yn byw yn Greenfields Hall, tŷ a gafodd ei godi yn 1870 ar gyfer capteiniaid y gwaith. Gerllaw'r tŷ mawr mae capel y Methodistiaid Wesleaidd (codwyd yn 1872) a chapel y Methodistiaid Calfinaidd (ailadeiladwyd yn 1907) ac, ar lawr dyffryn Cerist, res o dai teras oedd yn gartref i rai o'r gweithwyr. Ond sicrhaodd y Capten Williams, llwyrymwrthodwr a phregethwr lleyg gyda'r Methodistiaid Calfinaidd, na chafodd tafarn ei agor yn y pentref!

Yn ystod oes y mwynglawdd roedd y pentref yn fwrlwm o weithgaredd ond daeth tro ar fyd pan gaeodd y gwaith yn 1921. Heddiw, does braidd dim ar ôl i atgoffa pobl o hanes y mwynglawdd enwog, a'i ddylanwad ar fywyd y fro a thre Llanidloes. Mae adfeilion Bryn-tail yn cael eu dehongli er budd y cyhoedd, ond does dim arwydd yn cynnig gwybodaeth am hanes y Fan. Mae'r unig arwydd ar y safle yn cyfeirio at gynllun adfer Cyngor Sir Powys ac Awdurdod Datblygu Cymru (WDA). Mae'r ddau awdurdod yma yn hawlio eu bod nhw wedi adfer y tir "ar gyfer treftadaeth ac amwynderau". Byddai eraill yn dweud eu bod nhw wedi dinistrio rhan bwysig o dreftadaeth ddiwydiannol Cymru.

## John Ceiriog Hughes (1832-87)

Ceiriog oedd bardd mwyaf poblogaidd Cymru Oes Victoria ac mae rhai o'i gerddi yn dal i fod yn adnabyddus. Mae nifer o ddysgwyr yn gyfarwydd â'r gân, "Y Gwcw". Dyma'r pennill cyntaf:

Wrth ddychwel tuag adref,
Mi glywais gwcw lon
Oedd newydd groesi'r moroedd
I'r ynys fechan hon.

Treuliodd Ceiriog nifer o flynyddoedd ym Manceinion ond dychwelodd i Gymru yn 1868 i fod yn orsaf-feistr Llanidloes. Yn 1870 cafodd ei benodi yn rheolwr y rheilffordd newydd oedd yn cysylltu gwaith mwyn y Fan â phrif lein y Cambrian yng Nghaersŵs. Ond ar ôl treulio cymaint o amser yn Lloegr methodd ymgartrefu yng Nghymru. Roedd e'n hoffi ei lordio hi dros y Cymry lleol a siarad â nhw yn Saesneg! Ei unig gysur yn ei ddyddiau olaf oedd y ddiod.
Caeodd rheilffordd y Fan yn 1940.

## Ffermydd gwynt canolbarth Cymru

Yn un o'i gerddi, "Aros a Myned", mae Ceiriog yn cyferbynnu'r pethau arhosol â'r rhai newidiol: "Aros mae'r mynyddoedd mawr" ond "bugeiliaid newydd sydd ar yr hen fynyddoedd hyn". Y "bugeiliaid newydd" mwyaf amlwg ar fynyddoedd canolbarth Cymru heddiw yw'r melinau gwynt! O gyffiniau Bwlch y Fan (SH 940890) mae un o ffermydd gwynt mwyaf Ewrop i'w gweld ar gopaon y mynyddoedd i'r de o Landinam. Mae'r datblygiadau hyn yn bwnc llosg iawn. Mae Cyfeillion y Ddaear, er enghraifft, "yn galw am ddatblygu ynni gwynt mewn llefydd addas er mwyn lleihau ein dibyniaeth ar danwydd ffosil ac ynni niwclear". Ond dyw Ymgyrch Diogelu Cymru Wledig ddim am "weld bryniau Cymru wedi eu gorchuddio gan fforestydd o dyrbinau gwynt". Maen nhw yn erbyn unrhyw ddatblygiad pellach. Dyma rywbeth i chi feddwl amdano wrth gerdded y bryniau hyn.

## GEIRFA

| | |
|---|---|
| dychwel | to return |
| treulio | to spend |
| gorsaf-feistr | station-master |
| ymgartrefu | to settle |
| ei lordio hi | to dominate |
| unig gysur | only comfort |
| y ddiod | the drink, alcohol |
| cyferbynnu | to contrast |
| arhosol | permanent |
| newidiol | changing |
| bugail (bugeiliaid) | shepherd(s) |
| cyffiniau | neighbourhood |
| pwnc llosg | a burning issue |
| dibyniaeth | dependence |
| tanwydd | fuel |
| gorchuddio | to cover |

# Taith 6: Pumlumon

## GEIRFA

| | |
|---|---|
| cilfach barcio | lay-by |
| cronfa ddŵr | reservoir |
| cydnabyddedig | recognised |
| rhostir(oedd) | moorland(s) |
| mawnoglyd | boggy |
| digysgod | without shelter, exposed |
| mawnogydd | peatbogs |
| dôl (dolydd) | meadow(s) |
| caregog | stony |
| dilyn llwybr tarw | head in a straight line |
| llai serth | less steep |
| corslyd | marshy |
| mainc (meinciau) | bench(es) |
| cronni | to collect |
| crib | ridge |

**Dechrau a gorffen:** cilfach barcio (SN 769875) ar lethrau Bryn y Beddau ac ar ymyl yr heol uwchlaw cronfa ddŵr Nant-y-moch, tua 7 km i'r gogledd o Bonterwyd (SN 749809).

**Pellter:** 10.0 km (6.2 milltir)

**Codiad:** 392 m (1,286 tr.)

**Amser:** 3-4 awr

**Mapiau:** Landranger 1:50,000, rhif 135 (*Aberystwyth*); Pathfinder 1:25,000, rhif 927 (*Tal-y-bont & Ponterwyd*) a 928 (*Llanidloes*)

**Cyngor arbennig:**

(i) Dim ond rhannau o'r daith yma sy'n dilyn llwybrau cyhoeddus cydnabyddedig. Am y rhan fwyaf o'r amser mae'n rhaid croesi rhostiroedd mawnoglyd, gwlyb a digysgod. Dylech osgoi'r mawnogydd a chymryd gofal ar y llethrau serth.

(ii) Os yw'r tywydd wedi bod yn wlyb, mae'r dolydd ar lan afon Hengwm, ger hen ffermdy Hengwmannedd (SN 893797), hefyd yn wlyb iawn iawn dan draed.

(iii) Dylech ddewis diwrnod braf cyn mentro ar y mynydd hwn am y tro cyntaf.

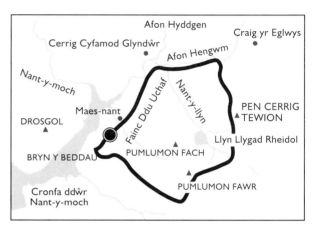

## Y Daith

Troi eich cefn ar gronfa ddŵr Nant-y-moch a Drosgol (SN 760879), y bryn yr ochr draw i'r llyn, a dringo llethrau Bryn y Beddau. Ar ôl cyrraedd y lôn garegog, troi i'r chwith a mynd cyn belled â'r glwyd (SN 774875). Yr ochr draw i'r glwyd, troi i'r dde a dilyn llwybr tarw i fyny'r llethrau, gan anelu at droed y clogwyn llai serth tua 500 metr i'r de o ben Pumlumon Fawr (SN 790870). (Rhwng y glwyd a throed y clogwyn mae'r tir ar ffurf grisiau. Mae'r tir yn gorslyd iawn ar wyneb y meinciau lled wastad. Wrth droed Pumlumon Fach mae tri llyn bach wedi cronni ar wyneb y Fainc Ddu Uchaf (SN 780881).) Dringo'r llethr serth ac yna troi tua'r gogledd, gan ddilyn y grib a'r ffens sy'n arwain i gopa creigiog Pumlumon

Fawr (752 m). Ar ben y mynydd mae hen biler triongli'r Arolwg Ordnans, a dwy gorlan fach sy'n cynnig cysgod rhag y gwynt. Yng nghlydwch un o'r corlannau gellwch fwynhau'r golygfeydd godidog i'r gogledd, dwyrain, de a gorllewin. O'r copa, troi tua'r dwyrain gan ddilyn y llwybr, a'r ffens, sy'n croesi'r bwlch mawnoglyd rhwng Pumlumon Fawr a'r copa dienw (727 m; SN 799871) ger tarddiad afon Gwy. Mae carreg derfyn tua metr o uchder, ac arni saeth a'r rhif (neu'r dyddiad, efallai) 1865, yn sefyll ar ben y copa dienw. O'r garreg derfyn, troi tua'r gogledd gan gerdded ar draws y rhostir i gyfeiriad Pen Cerrig Tewion (677 m; SN 799882). Cerdded i lawr llechweddau gogleddol Pen Cerrig Tewion, ac yna'r llethrau serth uwchlaw dolydd afon Hengwm, gan ddilyn y nant sy'n llifo heibio i adfeilion hen ffermdy (SN 796892) dan gysgod clwstwr o goed conwydd. Ar lan afon Hengwm, troi i'r dde a dilyn y llwybr cyn belled ag adfeilion Hengwmannedd. O'r hen ffermdy unig, dilyn y llwybr i lawr y dyffryn, heibio i'r blanhigfa fach o goed conwydd (ger y bont sy'n croesi afon Hengwm (SN 785892)) ac yna croesi Nant-y-llyn (does dim pont, felly gofal piau hi!) ger y corlannau a'r

pwll trochi defaid. Yr ochr draw i Nant-y-llyn, cerdded ar hyd lôn garegog heibio i adfeilion Nant-y-llyn (SN 783890) a hen ffermdy Maes-nant (SN 775881), ac yn ôl i'r gilfach barcio.

## Pumlumon: y mynydd peryclaf yng Nghymru

Roedd y Sais Benjamin Heath Malkin (1769-1842) yn un o nifer o deithwyr a ddaeth am dro i Gymru yn gynnar yn y ganrif ddiwethaf. Ymwelodd Malkin â Chymru yn 1803 ac yn ei lyfr, *The Scenery, Antiquities and Biography of South Wales* (1804 a 1807), mae'n dweud mai Pumlumon yw'r mynydd mwyaf peryglus yn y wlad. Y mawnogydd oedd yn codi ofn arno ac fe ddwedodd na ddylai neb fentro ar y mynydd ar ei ben ei hun!

Ond nid un mynydd yw Pumlumon ond cadwyn o gopaon sy'n cynnwys Pumlumon Fawr (752 m), Pumlumon Arwystli (740 m; SN 815877) a Phumlumon Cwmbiga (612 m; SN 830898). Yn ôl un esboniad, ystyr yr hen air "llumon" oedd corn simddai. Felly Pumlumon yw'r pum corn neu gopa sy'n rhan o asgwrn cefn canolbarth Cymru. I'r gorllewin o'r copaon mae'r afonydd yn llifo tua'r gorllewin, ac i'r dwyrain

# GEIRFA

| | |
|---|---|
| piler triongli | triangulation pillar |
| Arolwg Ordnans | Ordnance Survey |
| corlan | fold, pen |
| yng nghlydwch | in the shelter |
| dienw | nameless |
| tarddiad | source |
| Gwy | Wye |
| carreg derfyn | boundary stone |
| ac arni saeth | with an arrow |
| adfail (adfeilion) | ruin(s) |
| conwydd | pine trees |
| planhigfa | plantation |
| gofal piau hi | take care |
| trochi | to dip |
| codi ofn | to frighten |
| cadwyn | chain |
| corn simddai | chimney |

## GEIRFA

| | |
|---|---|
| gweundir(oedd) | moorland(s) |
| Hafren | Severn |
| tarddu | to spring, to originate |
| yr Oes Iâ ddiwethaf | the last Ice Age |
| dan orchudd | under a cover, covered |
| rhewlif | glacier |
| pant | hollow |
| cefnfur | backwall |
| cysgod | shadow |
| llunio | to mould |
| ysgithrog | craggy |
| nant (nentydd) | brook(s) |
| rhaeadru | to cascade |
| digon o ryfeddod | a sight to be seen |
| senedd-dy | parliament house |
| yng ngŵydd | in the presence of |
| cynrychiolydd(-wyr) | representative(s) |
| gormes | oppression |
| caethiwed | captivity |
| trechu | to defeat |
| buddugoliaeth | victory |
| dathlu | to celebrate |
| achlysur | occasion |
| gwrthryfel | rebellion |
| ysbrydoli | to inspire |

Pen Pumlumon Fawr a Llyn Llygad Rheidol

maen nhw'n llifo tua'r dwyrain. Ar weundiroedd unig Pumlumon mae afonydd Gwy a Hafren yn tarddu.

Yn ystod yr Oes Iâ ddiwethaf roedd y mynyddoedd hyn, yr uchaf yng nghanolbarth Cymru, dan orchudd o rew. Rhewlif a greodd y pant mawr y mae Llyn Llygad Rheidol yn gorwedd ynddo a'r cefnfur creigiog sy'n bwrw ei gysgod dros y llyn. Yr iâ hefyd a luniodd ddyffrynnoedd dyfnion Gwerin (i'r dwyrain o Hengwmannedd), Hengwm a Hyddgen a'r clogwyni ysgithrog ger Hengwmannedd. Heddiw mae'r nentydd sy'n rhaeadru dros y creigiau noeth yn ddigon o ryfeddod.

### Bro Glyndŵr

Yn nhref Machynlleth mae Senedd-dy Owain Glyndŵr ac yma yn 1404 cafodd ei goroni yn Dywysog Cymru yng ngŵydd cynrychiolwyr o Ffrainc, Sbaen a'r Alban. Roedd Owain yn credu ei fod wedi'i ddewis gan Dduw i ryddhau'r Cymry o ormes a chaethiwed y Saeson. Tua mis Mehefin 1401 trechodd Owain a'i filwyr fyddin Seisnig ar lannau afon Hyddgen. Roedd hi'n fuddugoliaeth fawr ac, yn ôl yr hanes, fe gododd Glyndŵr ei faner ar gopa Pumlumon Fawr i ddathlu'r achlysur.

Owain Glyndŵr a'i wrthryfel a ysbrydolodd J.G. Williams i ysgrifennu ei nofel hanesyddol *Betws Hirfaen* (1978). Yn y gyfrol mae gan

Afon Hengwm (chwith) ac afon Gwerin (dde).
Mae'r clwstwr o goed islaw cymer y ddwy afon yn nodi safle Hengwmannedd

yr awdur ddisgrifiad byw a chofiadwy iawn o frwydr Hyddgen. Wedi i'r brwydro ddod i ben mae Owain yn annerch ei filwyr gan ddweud: "Bydded y cerrig hyn yn dystion o'n cyfamod ni heno, i gyflwyno'n hunain i'r weledigaeth a'r ymdrech anrhydeddus dros ryddid cenedl y Cymry." Mae Cerrig Cyfamod Glyndŵr, dwy garreg wen tua 60 cm o uchder, yn sefyll 20 metr oddi wrth ei gilydd ger glan afon Hyddgen, wrth droed Banc Llechwedd-mawr a heb fod yn bell o hen ffermdy Nant-y-llyn.

Mae Cymry gwladgarol yn dathlu Dydd Gŵyl Owain Glyndŵr ar 16 Medi. Yn ôl y traddodiad, ar 16 Medi 1400 y daeth cwmni bach o uchelwyr at ei gilydd yng Nglyndyfrdwy, ger Llangollen, i gyhoeddi Owain Glyndŵr yn Dywysog Cymru, bedair blynedd cyn iddo gael ei goroni yn ei senedd-dy ym Machynlleth.

## Nant-y-moch

Mae yng Nghymru saith
    rhyfeddod,
Sef ein rhyfeddodau ni,
Eglwysi heirdd a thyrau
A bryniau mawr eu bri.
Ond bellach wele wythfed,
Ac fe'i henwaf i chi'n groch,
O! yr wythfed ydyw'r argae
Sydd yn boddi Nant-y-moch.

Does dim modd gweld mur argae Nant-y-moch o ben Pumlumon Fawr ond mae'r gronfa ddŵr yn olygfa hardd. Ond er mor brydferth yw'r llyn, dyw'r dŵr ddim yn gallu boddi'r atgofion am y dyffryn tawel, diarffordd a gollwyd. Dim ond seiliau un hen ffermdy a chapel Blaenrheidol sydd o dan y dŵr. Ond roedd ffermdy Nant-y-moch yn gartref i John a James James, dau frawd a dau fugail oedd wedi cael eu geni a'u magu yn y tŷ ar lethrau Pumlumon. Cafodd eu tad hefyd ei

### GEIRFA

| | |
|---|---|
| cymer | confluence |
| cofiadwy | memorable |
| brwydr | battle |
| annerch | to address |
| bydded | let ... be |
| tyst(ion) | witness(es) |
| cyfamod | covenant |
| gweledigaeth | vision |
| ymdrech | effort |
| anrhydeddus | honourable |
| gwladgarol | patriotic |
| uchelwr(-wyr) | nobleman (nobility) |
| cyhoeddi | to declare |
| rhyfeddod | (a) wonder |
| hardd (heirdd) | beautiful |
| tŵr (tyrau) | tower(s) |
| mawr eu bri | of much fame |
| wele | behold |
| croch | loud |
| argae | dam |
| mur | wall |
| atgof(ion) | memory(ies) |
| diarffordd | remote |
| sail (seiliau) | foundation(s) |
| bugail | shepherd |

## GEIRFA

| | |
|---|---|
| lladd mawn | to cut peat |
| deugain | forty |
| addoli | to worship |
| chwalu | to destroy |
| byth ni welir | never will be seen |
| aelwyd | hearth |
| croesawus | welcoming |
| tân mawn | peat fire |
| brân (brain) | crow(s) |
| brig | top, highest point |
| pinwydd | pine trees |
| cantref | hundred, old administrative district |
| teyrnas | kingdom |
| mud | mute, silent |
| eithriad | exception |
| o bryd i'w gilydd | from time to time |
| gweithgareddau awyr agored | outdoor activities |
| ac eithrio | with the exception of |
| cigfran (cigfrain) | raven(s) |
| hebog(iaid) tramor | peregrine falcon(s) |
| trydan-dŵr | hydroelectric |
| pwerdy | power station |
| cyfansoddi | to compose |
| pennill (penillion) | verse(s) |
| pigfain | pointed |

eni yn yr un ffermdy. Y mynydd oedd tir pori eu defaid a'u gwartheg. Ac ar y mynydd roedden nhw'n lladd y mawn i'w losgi ar yr aelwyd gartref. Ddechrau'r ganrif roedd y brodyr yn ddau o'r deugain a mwy o aelodau oedd yn addoli yng nghapel y Methodistiaid Calfinaidd.

Ond daeth ffordd o fyw John a James i ben pan ddechreuwyd codi'r argae yn 1957. Chwalwyd eu cartref a'r capel.

> Byth ni welir eto'r aelwyd
> Yn groesawus gan dân mawn,
> Na'r brain ym mrig y pinwydd
> Na'r capel llwyd yn llawn.
> Mae'r lle fel Cantre'r Gwaelod
> Ond rhyw gantref heb un gloch
> Ydyw teyrnas fud yr argae
> Sydd yn boddi Nant-y-moch.

Wedi i'r ddau hen frawd adael y dyffryn doedd neb ar ôl. Roedd pob ffermdy yn adfail. Yr unig eithriad yw Maes-nant, sydd yn cael ei ddefnyddio o bryd i'w gilydd fel canolfan gweithgareddau awyr agored. Mae arwydd "Farm Watch" ar glwyd Maes-nant ond does neb i gadw golwg ar y lle, ac eithrio'r defaid, y cigfrain a'r hebogiaid tramor, sy'n nythu ar greigiau'r fro.

Mae cronfa ddŵr Nant-y-moch yn rhan o gynllun trydan-dŵr Cwm Rheidol, a Phwerdy Cwm Rheidol yw'r orsaf drydan-dŵr fwyaf yng Nghymru a Lloegr. Cwblhawyd y cynllun yn 1962 ac erbyn heddiw mae cwmni PowerGen yn cyflogi 14 o weithwyr.

### Nodyn

Aneirin Jenkins Jones gyfansoddodd y penillion uchod ac fe gawson nhw eu darllen fel rhan o'r rhaglen deledu *Cwm Tawelwch* oedd yn adrodd hanes boddi Nant-y-moch. Mae pum pennill yn y gerdd gyfan.

*Adfeilion Hengwmannedd ar lan afon Hengwm. Uchlaw'r rhaeadr (canol), ar afon Gwerin, mae Craig yr Eglwys. Cafodd yr enw am fod ei phen yn bigfain*

# Taith 7: Llanwrtyd

**Dechrau a gorffen:** yn y maes parcio bach o flaen Neuadd Victoria (adeiladwyd 1887) (SN 878466) ynghanol tref Llanwrtyd.
**Pellter:** 11.1 km (6.9 milltir)
**Codiad:** 246 m (807 tr.)
**Amser:** 3-4 awr
**Mapiau:** Landranger 1:50,000, rhif 147 (*Cwm Elan a Llanfair-ym-Muallt*); Pathfinder 1:25,000, rhif 1014 (*Llanwrtyd Wells*); Explorer 1:25,000, rhif 187 (*Llanymddyfri*)
**Cyngor arbennig:**
(i) Mae arwyddion (saethau melyn y tu mewn i gylchoedd bach) yn dangos llwybrau cyhoeddus yr ardal hon.
(ii) Yng Nghoedwig Irfon mae'r llwybr yn croesi Nant Cerdin (SN 876499). Ond oherwydd does dim pont ar draws y nant mae'n rhaid camu drwy'r dŵr.

## Y Daith

O'r maes parcio, troi i'r chwith, croesi'r bont dros afon Irfon a dilyn yr A483 i gyfeiriad Llanfair-ym-Muallt. Ar ôl ymweld â Melin

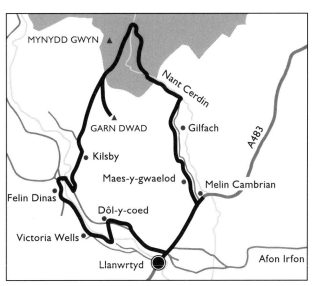

Cambrian (SN 885475), sy'n sefyll ar fin y ffordd fawr, cerdded yn ôl i gyfeiriad Llanwrtyd ac ymhen 150 metr troi i'r dde gan ddilyn llwybr cyhoeddus/ceffyl tua'r gogledd, heibio i Faes-y-gwaelod a Gilfach, wrth droed llethrau dwyreiniol Garn Dwad. Y tu hwnt i Gilfach mae dyffryn Cerdin yn culhau ac mewn dim o dro mae'r llwybr yn arwain i mewn i Goedwig Irfon. Yr ochr draw i glwyd y goedwig, cadw i'r dde ac yna ymlaen dros y bont gan ddilyn y lôn lydan sy'n codi'n raddol drwy'r coed conwydd talsyth. Tua 100-150 metr y tu hwnt i'r fan lle mae lôn yn ymuno o'r dde, mae fforch. Cadw i'r

## GEIRFA

| | |
|---|---|
| camu | *to step* |
| llethr(au) | *slope(s)* |
| culhau | *to become narrower* |
| mewn dim o dro | *in no time* |
| llydan | *wide* |
| conwydd | *pine trees (un = conwydden)* |
| talsyth | *tall and upright* |
| fforch | *fork* |
| glaswelltog | *grassy* |

## GEIRFA

| | |
|---|---|
| i ba gyfeiriad bynnag | *in whichever direction* |
| tarren | *escarpment* |
| urddasol | *majestically* |
| hynod drawiadol | *extremely impressive* |
| copa(on) | *summit(s)* |
| seibiant | *rest* |
| ailymuno | *to rejoin* |
| enwyd | *was named* |

Dyffryn Irfon a'r Epynt o Garn Dwad. Yr adeilad amlwg ynghanol y llun yw Melin Cambrian.

chwith a dilyn llwybr glaswelltog i lawr drwy ganol y coed ac ar hyd glannau Nant Cerdin cyn belled â'r fan lle mae'n rhaid camu drwy'r dŵr, er mwyn ymuno â'r llwybr caregog sy'n dringo drwy'r goedwig ar lethrau gorllewinol dyffryn Cerdin. Dilyn y llwybr tua'r de-orllewin, yn syth ar draws y groesffordd (SN 872494) ac ymlaen cyn belled â chlwyd y goedwig (SN 870491), ar lawr y bwlch rhwng Mynydd Gwyn a Garn Dwad. Yr ochr draw i'r glwyd, gwyro i'r chwith a cherdded ar draws y tir agored i ben Garn Dwad (SN 872486). I ba gyfeiriad bynnag yr edrychwch, mae'r golygfeydd yn wych. Tua'r de-ddwyrain, mae tarren yr Epynt, sy'n codi'n urddasol y tu

hwnt i ddyffryn Irfon, yn hynod drawiadol. Ac i'r de mae copaon Bannau Sir Gâr yn codi eu pennau uwchlaw Mynydd Bwlch-y-groes a Mynydd Myddfai. Wedi'r seibiant ar Garn Dwad, yn ôl i'r glwyd, ailymuno â'r llwybr a'i ddilyn i lawr llethrau dwyreiniol dyffryn Irfon, heibio i Kilsby (SN 867480), tŷ a enwyd ar ôl ei gyn-berchennog, y Parchedig James Rhys "Kilsby" Jones (1813-89). Ar ôl cyrraedd heol Llanwrtyd-Abergwesyn, troi i'r dde ac ymlaen i Eglwys Llanddewi wrth y Rhyd (SN 863478), yr ochr draw i'r bont. O'r eglwys, dilyn y llwybr, sy'n arwain heibio i Felin Dinas (SN 864476) ar lan orllewinol afon Irfon, i Victoria Wells (SN 868469). Ar bwys y brif fynedfa i Victoria Wells, troi i'r chwith a cherdded ar draws y cae rhwng y lôn ac afon Irfon ac yna gyda'r afon cyn belled â'r bont (SN 871469). Ar ôl ymweld â ffynhonnau Dôl-y-coed (SN 871470), yr ochr draw i'r bont, dilyn y lôn goed draw i Westy Dôl-y-coed, a cherdded yn ôl i Lanwrtyd ar hyd yr heol.

## Ffatri Cambrian a Melin Dinas

Melin Cambrian yw'r geiriau sydd i'w gweld ar yr arwyddion ffyrdd. Mae'r ymadrodd "melin wlân" yn gywir ond yr arfer yng Nghymru, yn amlach na pheidio, oedd cyfeirio at *ffatri* wlân, ond melin flawd neu felin falu. Mae'r hen faen melin y tu allan i Felin Dinas yn tystio mai blawd oedd cynnyrch y felin hon ac nid gwlanenni a brethynnau.

Mae hanes diddorol i Felin Cambrian ac mae rhan o'r ffatri wreiddiol, a godwyd ar lan Nant Cerdin yn ystod y 1820au, i'w gweld y tu ôl i'r adeilad tri-llawr mwy diweddar ei olwg. Yn 1927 rhoddwyd y ffatri i'r Lleng Brydeinig er mwyn cynnig gwaith i gyn-filwyr a anafwyd yn y Rhyfel Byd Cyntaf. Cafodd rhai o glwyfedigion yr Ail Ryfel Byd eu cyflogi yma hefyd, pan agorodd yr adeilad newydd yn 1945. Er bod brethynnau yn cael eu

cynhyrchu mewn rhan o'r adeilad mae dyfodol Melin Cambrian yn y fantol.

Hyd ddiwedd y 1940au roedd Cambrian yn un o ddwy ffatri wlân yn Llanwrtyd. Ond cafodd ffatri fach wledig Esgair Moel ei datgymalu a'i hailgodi ar dir Amgueddfa Werin Cymru, Sain Ffagan, ym mro Morgannwg yn 1953.

## Theophilus Evans a'r ffynhonnau

Mae'r llyfr hanes *Drych y Prif Oesoedd* (1716, 1740) gan Theophilus Evans (1693-1767) yn un o glasuron rhyddiaith Gymraeg. Ond mae'r awdur yn enwog yn ardal Llanwrtyd am mai fe oedd y cyntaf i ddarganfod rhinweddau ffynhonnau'r fro yn y flwyddyn 1732. Bryd hynny, enw ffynnon Dôl-y-coed oedd "Ffynnon drewllyd" am fod iddi, yn ôl Theophilus Evans, "much the same gusto as a newly discharged gun"! Drewi o sylffwr mae'r dyfroedd. Ond drewi neu beidio, roedd y Parchedig Kilsby Jones yn bendant o'r farn fod y dŵr yn werth ei yfed: "Hwn gryfhâ dy nerves di … ac a'u tantia, os ydynt wedi llaesu a myned allan o gywair. Buana rediad dy waed, a rhydd i ti nerth cawr yn lle eiddilwch."

Daeth ffynhonnau Llanwrtyd a

## GEIRFA

| | |
|---|---|
| yn ddiweddarach | later |
| cwblhawyd | was completed |
| (o 'cwblhau') | |
| cyrchfan | destination, resort |
| tyrru | to flock |
| arfer blynyddol | annual custom |
| gweithgaredd(au) | activity(-ies) |
| merlota | pony-trekking |
| barcud coch | red kite |
| denu | to attract |
| mynedfa | entrance |
| sigledig | rickety |

Llangamarch (SN 936472) yn fwy poblogaidd ar ôl i'r rheilffordd o Lanfair-ym-Muallt gyrraedd Llanwrtyd yn 1867. Flwyddyn yn ddiweddarach cwblhawyd y rheilffordd drwy ganolbarth Cymru pan agorwyd y darn olaf o'r lein rhwng Llanwrtyd a Llanymddyfri.

Codwyd adeiladau ffynnon Dôl-y-coed yn 1893 gan berchennog Gwesty Dôl-y-coed, a rhwng 1897 (y flwyddyn yr agorwyd Victoria Wells) a 1910 adeiladwyd nifer o adeiladau mawr Llanwrtyd. Hyd ddiwedd y 1930au roedd y dref yn gyrchfan gwyliau poblogaidd. Roedd trigolion cymoedd diwydiannol de a de-orllewin Cymru yn tyrru i'r ardal. Ond daeth yr arfer blynyddol hwn i ben wedi'r Ail Ryfel Byd. Er bod rhai ymwelwyr yn dal i yfed y dyfroedd drewllyd, gweithgareddau fel merlota, cerdded, beicio mynydd a gwylio adar, gan gynnwys y barcud coch, sy'n denu twristiaid i'r rhan arbennig yma o Wlad y Barcud heddiw.

*Mynedfa'r lôn goed sy'n arwain i Ffynnon Dôl-y-coed, neu Dolecoed Spa Wells yn ôl yr arwydd sigledig*

## Llanddewi wrth y Rhyd

Cyn codi Eglwys Sant Iago yn Llanwrtyd yn 1896, Llanddewi wrth y Rhyd oedd eglwys y plwyf. Eto i gyd, yn ôl Theophilus Jones (1759-1812), awdur *The History of Brecknockshire* (1805-09), "There is nothing deserving notice in this miserable fabric"! Efallai nad yw'r adeilad ei hun yn drawiadol iawn, ond mae'n rhyfedd iddo fod mor llym ei feirniadaeth o'r eglwys a fu dan ofal ei ewythr Theophilus Evans rhwng 1732 a 1767. A rhyfeddach fyth o gofio bod William Williams (1717-91), Pantycelyn, emynydd pwysicaf Cymru, wedi bod yn gurad i'w ewythr rhwng 1740 a 1743. Mae llun o Williams i'w weld yn yr eglwys.

Yn ôl yr hanes, sefydlwyd yr eglwys gan Dewi Sant. Ond doedd yr hanes oedd yn cysylltu'r llecyn â Dewi ddim yn cyffroi Jones chwaith, mae'n debyg. P'un ai a oes sail i'r gred neu beidio, y cysylltiad â Nawddsant Cymru a ysbrydolodd y cerflunydd Ted Folkard i greu ei ddelwedd o'r sant sy'n sefyll yng nghefn yr eglwys. Yn yr eglwys hefyd mae croes Geltaidd sy'n dyddio o'r 7-9fed ganrif. Mae arwyddocâd y patrwm anarferol ar wyneb y maen garw hwn yn ddirgelwch.

*Dewi Sant gan y cerflunydd Ted Folkard. Cafodd y cerflun hwn yn hen eglwys Llanwrtyd ei lunio o foncyff derwen a'i gysegru yn 1978*

Claddwyd y Parchedig Kilsby Jones ym mynwent yr eglwys. Ei ddymuniad, fodd bynnag, oedd cael ei gladdu yr ochr draw i'r dyffryn, yng ngardd Glenview (Kilsby, bellach), y tŷ a gododd iddo fe ei hunan. Roedd e'n cael ei ystyried yn ddyn od iawn, a phwy ond dyn od fyddai'n dewis mabwysiadu'r enw Kilsby ar ôl treulio naw mlynedd yn y weinidogaeth yn Kilsby, swydd Northampton. Ei gyfraniad mawr oedd casglu ynghyd holl emynau a gweithiau eraill William Williams, Pantycelyn, a'u cyhoeddi yn 1867.

# Taith 8:
# Dyffryn Teifi a Dre-fach Felindre

## GEIRFA

| | |
|---|---|
| mae modd | *it is possible* |
| naill ai ... neu | *either ... or* |
| cilfach barcio | *lay-by* |
| ddim yn bod | *doesn't exist* |
| ceunant | *gorge* |
| cefnu | *to leave behind* |
| pompren | *footbridge* |
| dôl | *meadow* |
| bwthyn unllawr | *one-storey cottage* |
| gydag ochr | *alongside* |

**Dechrau a gorffen:**
Pont Henllan (SN
356401). Mae modd
parcio'r car yn ddiogel
naill ai yn y gilfach
barcio ar fin yr A484
(SN 353401), neu ar
fin y ffordd rhwng y
bont a phentre Henllan.
**Pellter:** 9.7 km (6 m)
**Codiad:** 95 m (312 tr.)
**Amser:** 3 awr
**Mapiau:** Landranger
1:50,000, rhif 145
(*Aberteifi*); Pathfinder 1:25,000, rhif
1011 (*Newcastle Emlyn*) a 1034
(*Boncath, Capel Iwan & Rhos*)
Explorer 1:25,000, rhif 185 (*Castell
Newydd Emlyn*)
**Cyngor arbennig:** Rhwng
Abermachnog a fferm Cwmisdwr
mae'n bwysig iawn eich bod yn dilyn
y cyfarwyddiadau isod ac nid y llwybr
sy'n cael ei nodi ar fap Pathfinder,
rhif 1011 a map Explorer, rhif 185.
Dyw'r llwybr hwnnw ddim yn bod!

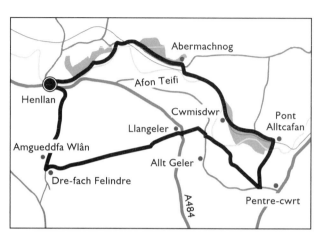

### Y Daith

O Bont Henllan, dilyn y llwybr
cyhoeddus drwy'r ceunant coediog.
Wrth gefnu ar y ceunant, cadw ar y
llwybr isaf gan groesi'r bompren a
cherdded ar draws canol y ddôl i'r
gornel bellaf. Yr ochr draw i'r tŷ (SN
364406), sy'n sefyll ar fin y ffordd,

troi i'r dde a cherdded ar hyd yr heol
i Abermachnog (SN 375403). Bron
gyferbyn â'r bwthyn unllawr ar ochr
ogleddol yr heol, wrth droed y rhiw
serth, troi i'r dde a dilyn llwybr cul
drwy'r coed ac yna gydag ochr
ucha'r hen reilffordd am tua 250 m.
Yma (SN 377402), mewn man gwlyb
iawn fel rheol, troi i'r dde, cerdded o
dan bont y rheilffordd ac ymlaen ar
hyd y llwybr, sy'n rhedeg gydag ochr
isa'r hen lein, i gyfeiriad Pentre-cwrt.
Y tu draw i Gwmisdwr (SN 380396),
dilyn lôn y fferm i'r ffordd fawr
uwchlaw ceunant coediog Alltcafan,
yna i lawr y rhiw, ar draws Pont
Alltcafan (SN 397392) ac ymlaen i
Bentre-cwrt (SN 385386). Ar bwys y
dafarn, Plas Parke Inn, troi i'r dde,
cerdded ar hyd y B4335 am tua
600 m, yna troi i'r chwith ger y tŷ ar

fin y ffordd (SN 379387) a dringo'r heol gul sy'n arwain drwy Allt Geler i Langeler. Yn y pentre, troi i'r dde ar hyd yr A484 ac ymhen 200 m, troi i'r chwith gyferbyn â'r eglwys (SN 374394) a dilyn yr heol fach i Drefach Felindre (SN 355389). Yn y pentre, troi i'r dde a cherdded ar hyd y ffordd, heibio i Amgueddfa Diwydiant Gwlân Cymru (SN 355391), yn ôl i Bont Henllan.

## Dyffryn Teifi ddoe a heddiw

Mae sawl bardd wedi cael ei swyno gan brydferthwch rhannau arbennig o ddyffryn Teifi. Yn ei gerdd "Pont Henllan", mae W. Rhys Nicholas, a

fu farw yn 1996, yn cyfeirio yn arbennig at lif yr afon loyw, lân, a'r coed coniffer a ffawydd sy'n harddu'r ceunant cul a chreigiog. Dyma'r pennill sy'n cloi'r gerdd:

Dewch i oedi wrth Bont Henllan
Lle mae heddwch mawr o hyd;
Fe gewch gadw oed â harddwch
Ac anghofio am y byd.

Ond mae T. Llew Jones yn ein cymell i ymweld â Chwm Alltcafan, y cafn dwfn a chreigiog ar gyrion Pentrecwrt, y pentref lle cafodd y bardd a'r awdur enwog ei eni:

## GEIRFA

| | |
|---|---|
| swyno | to charm |
| llif | flow |
| gloyw | bright |
| coed ffawydd | beech trees |
| cadw oed | to make a date, appointment |
| cymell | to urge |
| cafn | gorge, trough |

*Ffatri Alltcafan a rheilffordd Llandysul-Castellnewydd Emlyn*

45

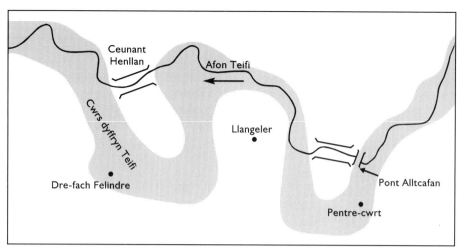

*Afon Teifi a chwrs dyffryn Teifi*

## GEIRFA

| | |
|---|---|
| dofn | feminine form of 'dwfn' (deep) |
| da chi | whatever you do |
| ymddolennu | to meander |
| bras | lush |
| yr Oes Iâ ddiwethaf | the last Ice Age |
| troellog | winding |
| tro pedol | 'u' turn |
| gweler (o 'gweld') | see |
| twmpathog | with many mounds (twmpath = mound) |
| yn ôl pob tebyg | probably |
| erydu | to erode |
| dadlaith | to melt |
| ymgasglu | to accumulate |
| graean | gravel |
| tagu | to choke |
| manteisio | to take advantage |

Welsoch chi mo Gwm Alltcafan
Lle mae'r coed a'r afon ddofn?
Ewch da chi i Gwm Alltcafan,
Peidiwch oedi'n hwy... rhag ofn!
Mae'r ddau geunant yn brydferth iawn ond mae eu cymeriad yn wahanol iawn i natur dyffryn Teifi i lawr yr afon o Bont Henllan, rhwng Henllan a Chwm Alltcafan, ac i fyny'r afon o Bentre-cwrt. Mae llawr dyffryn Teifi yn llydan ac mae'r afon yn ymddolennu rhwng dolydd bras a gwastad. Y gwir yw, er bod afon Teifi yn llifo drwy'r ddau geunant heddiw, dyw'r cafnau hyn ddim yn rhan o ddyffryn Teifi fel yr oedd flynyddoedd maith, maith yn ôl.

Cyn yr Oes Iâ ddiwethaf roedd afon Teifi yn dilyn llawr dyffryn troellog iawn. Roedd dau dro pedol mawr i'r de o safle Cwm Alltcafan a cheunant Henllan (gweler y map). Wrth gerdded rhwng Pont Alltcafan

ac Allt Geler byddwch chi'n dilyn rhan o'r hen ddyffryn yn ardal Pentre-cwrt. Ac wrth ddilyn yr heol rhwng Llangeler a Dre-fach Felindre byddwch chi'n cerdded i lawr llethrau serth yr hen ddyffryn ac yn croesi ei lawr twmpathog, sych.

Yn ôl pob tebyg, cafodd y ddau geunant eu herydu gan afonydd oedd yn llifo o dan yr iâ pan oedd y rhew yn dadlaith. Ar yr un pryd ymgasglodd cymysgfa o raean a thywod a chlai yn ardal Pentre-cwrt a Dre-fach Felindre gan dagu llawr yr hen ddyffryn. Wedi i'r iâ ddiflannu bu'n rhaid i afon Teifi newid ei chwrs a llifo drwy'r ddau gafn newydd sbon.

### Rheilffordd Dyffryn Teifi
Nid afon Teifi yn unig a fanteisiodd ar Gwm Alltcafan. Roedd y rheilffordd rhwng Llandysul a

Chastellnewydd Emlyn hefyd yn rhedeg drwy'r cwm. Dim ond saith milltir yw hyd y lein ond cymerodd ddeng mlynedd i gwblhau'r gangen hon o'r GWR a agorwyd ar 1 Gorffennaf 1895. Bu dathlu mawr yng Nghastellnewydd Emlyn y diwrnod hwnnw. Yn ystod y prynhawn daeth dros 2,000 o'r werin bobl ynghyd i fwynhau'r te oedd wedi ei drefnu ar eu cyfer. Wrth gwrs, roedd gwledd wedi'i threfnu ar gyfer y crachach, a'r noson honno daeth tua 50 ohonyn nhw at ei gilydd yng Ngwesty'r Emlyn Arms, Castellnewydd Emlyn, lle cawson nhw "a really jovial evening", yn ôl gohebydd y *Cardigan & Tivyside Advertiser*.

Bu dathlu mawr ym Mhentre-cwrt ym mis Chwefror 1912 pan agorwyd gorsaf y pentre (SN 388392) ger Pont Alltcafan (codwyd y bont rhwng 1839 a 1841). Ond byr iawn fu oes rheilffordd dyffryn Teifi. Rhedodd y trên olaf i deithwyr ar 13 Medi 1952.

### Ffatrïoedd gwlân Pentre-cwrt a Dre-fach Felindre

Chwaraeodd afon Teifi ei rhan yn natblygiad y diwydiant gwlân hefyd. Ar 13 Mai 1885, mis ar ôl i gwmni'r GWR brynu'r tir roedd ei angen arnyn nhw ar gyfer rheilffordd dyffryn Teifi, gosodwyd carreg sylfaen ffatri wlân Alltcafan (SN 387392). Dyma oedd ffatri fawr gyntaf y fro ac fe gafodd ei chodi yng nghysgod Pont Alltcafan er mwyn defnyddio llif yr afon i droi twrbin. Bu'r twrbin yn cynhyrchu pŵer i droi peiriannau'r ffatri hyd 1910, pan brynodd y perchenogion injan nwy.

Roedd Alltcafan yn un o dair ffatri ym Mhentre-cwrt. Agorodd Henfryn (SN 386381), sydd i'w gweld islaw'r heol rhwng Alltcafan a'r pentre, tua 1880 a Derw (SN 391383) yn 1896. Gwlanenni oedd prif gynnyrch y ffatrïoedd a'u prif farchnad oedd cymoedd diwydiannol de Cymru, a'r Swyddfa Ryfel yn ystod rhyfel 1914-18. Roedd y ffatrïoedd yn cynnig gwaith i ddegau o bobl hyd ddiwedd y Rhyfel Byd Cyntaf ond daeth tro ar fyd yn ystod dirwasgiad y 1920au a'r 1930au. Caeodd Henfryn yn 1926 ond llwyddodd Alltcafan a Derw i oroesi'r blynyddoedd caled.

Ar ôl yr Ail Ryfel Byd rhoddodd datblygiad twristiaeth hwb i'r diwydiant. Ond heb seiliau cadarn, doedd dim dyfodol i'r ffatrïoedd lleol. Caeodd Alltcafan yn 1981 a Derw yn 1987.

Tebyg oedd hanes y diwydiant gwlân yn Dre-fach Felindre. Sefydlwyd y ffatrïoedd bach cyntaf yn yr ardal yma yn y 1820au ond erbyn

| GEIRFA | |
|---|---|
| y werin bobl | the ordinary folk |
| ynghyd | together |
| ar eu cyfer | for them |
| gwledd | feast |
| crachach | the upper crust |
| ar achlysur | on the occasion |
| carreg sylfaen | foundation stone |
| ffatri wlân | woollen mill |
| islaw | below |
| gwlanen(ni) | flannel |
| tro ar fyd | change |
| dirwasgiad | depression |
| goroesi | to survive |
| hwb | boost |
| seiliau cadarn | firm foundations |

## GEIRFA

| | |
|---|---|
| safle | site |
| dymchwel | to pull down |
| brolio | to boast |
| gweithdy gweu | weaving workshop |
| eto i gyd | and yet |
| brethyn(nau) | woollen cloth |
| diwallu | to fulfill |
| ar waith | at work |
| cyfagos | nearby |

*Cwm Alltcafan a safle hen ffatri Alltcafan. Gwaetha'r modd, bu'n rhaid dymchwel yr adeilad mawr pum llawr, a godwyd yn gynnar yn y ganrif hon, ddechrau'r 1990au*

diwedd y ganrif roedd plwyfi Pen-boyr (ardal Dre-fach Felindre) a Llangeler (ardal Pentre-cwrt) yn gallu brolio 21 ffatri wlân a 19 gweithdy gweu. Ar y pryd, dyma oedd prif ganolfan y diwydiant gwlân yng Nghymru. Roedd y rhan fwyaf o'r ffatrïoedd a'r gweithdai gweu yn unedau bach. Eto i gyd, roedd llawer ohonyn nhw hefyd yn gwerthu gwlanenni a brethynnau ym marchnadoedd y de, yn ogystal â diwallu anghenion y gymdeithas leol.

Y ffatri olaf a godwyd yn Dre-fach oedd ffatri fawr Cambrian yn 1903. Yn 1947 roedd Cambrian yn un o 14 o ffatrïoedd oedd yn dal i weithio yn y ddau blwyf lleol. Heddiw mae'r adeilad yn gartref i Amgueddfa Diwydiant Gwlân Cymru, un o'n Hamgueddfeydd Cenedlaethol, a Melin Teifi, yr unig weithdy gweu sy'n dal i weithio yn y pentre. Mae'n werth ymweld â'r amgueddfa er mwyn dysgu mwy am hanes y diwydiant yng Nghymru, a gweld y gwahanol brosesau ar waith. A gallwch ddysgu mwy am ddatblygiad y diwydiant lleol drwy ddilyn taith gerdded "Bro'r Ffatrïoedd" drwy Dre-fach a'r pentrefi cyfagos.

# Taith 9:
# Foel Cwmcerwyn a'r Preselau

**Dechrau a gorffen:** maes parcio'r Tafarn Sinc, Rosebush (SN 075294). Rhaid cael caniatâd perchennog y dafarn cyn parcio eich car yn y maes parcio.
**Pellter:** 8.7 km (5.4 milltir)
**Codiad:** 275 m (902 tr.)
**Amser:** 3 awr
**Mapiau:** Landranger 1:50,000, rhif 145 (*Aberteifi*); Outdoor Leisure 1:25,000, rhif 35 (*Gogledd Sir Benfro*)

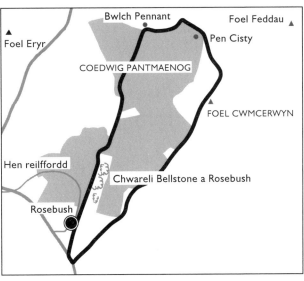

**Cyngor arbennig:** Hyd yn oed os yw'r tywydd yn braf mae'n gallu bod yn wlyb iawn dan draed. Dylech osgoi'r pyllau mawnog gwlyb a dwfn.

## Y Daith

Dilyn y ffordd tua'r de i'r gyffordd; troi i'r chwith gan gerdded i gyfeiriad Maenclochog ar hyd y B4313. Ymhen 100 m, troi i'r chwith ger byngalo bach (SN 074289) a dilyn llwybr cyhoeddus sydd yn arwain tua'r gogledd-ddwyrain ac yn codi'n raddol hyd gopa Foel Cwmcerwyn (536 m) (SN 094312). O'r copa, dilyn llwybr aneglur tua'r gogledd ar draws y rhostir, gan anelu at Ben Cisty (SN 093321), sef cornel eithaf Coedwig Pantmaenog. Ar ôl cyrraedd y goedwig, troi tua'r gorllewin a dilyn y llwybr sy'n cydredeg â ffin ogleddol y blanhigfa cyn belled â'r glwyd ar lawr Bwlch Pennant (SN 085321). Troi tua'r de drwy'r glwyd gan ddilyn y lôn sy'n arwain i lawr drwy'r coed coniffer. Ar waelod yr allt, cadw i'r dde a cherdded ar hyd llwybr sy'n cydredeg â ffin orllewinol y goedwig am 600 m. Yna, ymlaen trwy'r coed a'r glwyd wrth droed tomennydd Chwarel Bellstone. Cadw at y lôn sy'n dilyn troed y tomennydd llechi gan gerdded heibio i adfeilion hen felin ac adeiladau eraill Chwarel

## GEIRFA

| | |
|---|---|
| osgoi | *to avoid* |
| pwll (pyllau) | *pool(s)* |
| mawnog | *peaty* |
| cyffordd | *junction* |
| rhostir | *moorland* |
| gan anelu at | *aiming for* |
| cydredeg | *to run alongside* |
| ffin | *boundary* |
| planhigfa | *plantation* |
| allt | *wooded slope (yn y De; 'hill' yn y Gogledd)* |
| tomen(nydd) | *tip(s), mound(s)* |
| adfail (adfeilion) | *ruin(s)* |

## GEIRFA

| | |
|---|---|
| bwthyn (bythynnod) | cottage(s) |
| cyfrol | volume, book |
| adnabyddus | well-known |
| o ddigon | by far |
| y tu hwnt i | beyond |
| mae modd gweld | you can see |
| gorwel | horizon |
| amlinell | outline |
| chwedl(au) | tale(s) |
| twrch/baedd | boar |
| hela | to hunt |
| marchog(ion) | knight(s) |
| heb fod yn bell | not far |
| pentir | headland |
| carn(au) | cairn(s) |
| ysgithrog | craggy |
| crib | ridge |
| blynyddoedd maith yn ôl | many years ago |
| dwyn (eu) hanes i gof | recalling their history |

Rosebush (SN 078302), a'r Stryd, rhes o fythynnod ym mhentref Rosebush.

### Y Preselau

Mae Cymru yn wlad o fynyddoedd ond does dim disgrifiad o Fynydd Presely (Y Preselau) yng nghyfrol fach Ioan Bowen Rees, *Dringo Mynyddoedd Cymru* (1965). Yn ei lyfr dewisodd yr awdur roi sylw i rai o'r mynyddoedd mwyaf adnabyddus dros 2,000 o droedfeddi (610 m). Er bod pen Foel Cwmcerwyn (536 m) 240 troedfedd (74 m) yn is na'r uchder hwnnw, dyma'r copa uchaf o ddigon yn ne-orllewin Cymru ac ar ddiwrnod clir mae'n werth ei ddringo.

Os yw'r tywydd yn braf mae'r golygfeydd o'r copa hwn, ynghanol rhan ogleddol Parc Cenedlaethol Arfordir Cymru, yn rhyfeddol. Gan edrych yn gyntaf i'r gogledd ac yna troi tua'r gogledd-ddwyrain gallwch weld Ynys Enlli a Phenrhyn Llŷn, yr ochr draw i Fae Ceredigion; mynyddoedd Eryri, Cader Idris, a Phumlumon Fawr, y mynydd uchaf yng nghanolbarth Cymru. Bannau Sir Gâr sydd i'w gweld tua'r dwyrain. I'r de-ddwyrain mae Penrhyn Gŵyr yn ymestyn i'r môr y tu hwnt i Fae Caerfyrddin. Ac weithiau, os ydych yn lwcus iawn, mae modd gweld arfordir Dyfnaint yr ochr draw i Fôr Hafren ac ar y gorwel tua'r gorllewin, amlinell Mynyddoedd Wicklow yn ne-orllewin Iwerddon.

Mae sôn am Iwerddon a'r Preselau yn stori "Culhwch ac Olwen", un o chwedlau'r *Mabinogion*. O Iwerddon y daeth y Twrch Trwyth, y baedd gwyllt y bu Culhwch yn ei hela gyda chymorth y brenin Arthur a'i farchogion. Glaniodd y Twrch Trwyth ym Mhorth Clais, ger Tyddewi, heb fod yn bell o'r bryniau sydd yn codi uwchlaw pen pella'r pentir i'r gorllewin o gopa Foel Cwmcerwyn. Bu brwydr ffyrnig rhwng y Twrch Trwyth a marchogion Arthur yng Nghwmcerwyn, y cwm wrth droed dwyreiniol y Foel. Llwyddodd y baedd i ffoi i gyfeiriad Bannau Sir Gâr ond nid cyn lladd nifer o farchogion dewr Arthur a rhai o'i feibion.

Er i'r frwydr ddigwydd flynyddoedd maith yn ôl mae'n amhosib anghofio am Arthur a'i filwyr ar ben Foel Cwmcerwyn. Mae enwau lleoedd yr ardal yn dwyn eu hanes i gof. Cerrig y Marchogion (SN 113323) yw'r rhes o garnau ysgithrog ar grib y Preselau i'r gogledd-ddwyrain o'r copa. I'r dwyrain, yn codi uwchlaw pentre Mynachlog-ddu, mae Foel Dyrch (SN

*Copa Foel Cwmcerwyn: yr olygfa tua'r de-orllewin*

161302) (ffurf ar "twrch" yw "tyrch").
Ar lethrau'r Preselau i'r gogledd o
Fynachlog-ddu mae Carn Arthur
(SN 135323) a Bedd Arthur (SN
131325), ac yn sefyll ar y gweundir
ar lawr Cwmcerwyn mae Cerrig
Meibion Arthur (SN 118310).

Pâr o feini hirion yw Cerrig
Meibion Arthur ac yn ôl pob tebyg
cawson nhw eu codi tua 3,500 o
flynyddoedd yn ôl, yn ystod yr Oes
Efydd. Mae'r twmpathau o gerrig a
thywyrch ar gopa Foel Cwmcerwyn
yn dyddio o'r un cyfnod. Hen feddau
yw'r crugiau hyn, ac mae hen biler
triongli'r Arolwg Ordnans yn sefyll ar
ben un ohonyn nhw! Mae crugiau
tebyg ar ben Foel Feddau (SN
102324), a hefyd Foel Eryr (SN
066321), Foel Drygarn (SN 158336)
a'r Frenni Fawr (SN 203349), tri
chopa sydd i'w gweld i'r gorllewin
a'r dwyrain o'r llwybr ger Pen Cisty.
Yr arfer yn ystod yr Oes Efydd oedd
llosgi cyrff y meirw, gosod y lludw
mewn llestri pridd ac yna eu claddu
dan bentwr o gerrig a thywyrch.
Gwaetha'r modd, cafodd llawer o'r
crugiau hyn eu difrodi gan
hynafiaethwyr diegwyddor yn ystod y
ddeunawfed ganrif a'r bedwaredd
ganrif ar bymtheg.

## Y diwydiant llechi a phentref Rosebush

Yng Ngwynedd mae chwareli llechi
mwyaf ac enwocaf Cymru. Eto i gyd,
roedd cynhyrchu slâts a slabiau yn
ddiwydiant lleol pwysig yng ngogledd
sir Benfro hefyd, yn enwedig yn ystod
ail hanner y bedwaredd ganrif ar
bymtheg a chwarter cyntaf yr
ugeinfed ganrif. Mae'r rhan fwyaf o'r
hen chwareli ym mro'r Preselau, a'r
mwyaf ohonyn nhw oedd chwareli
Rosebush. Mae olion hen weithfeydd
Bellstone a Rosebush yn ddiddorol
iawn, ond gofal piau hi os ydych

## G E I R F A

| | |
|---|---|
| gweundir | moorland |
| maen (meini) | stone(s) |
| yr Oes Efydd | the Bronze Age |
| twmpath(au) | mound(s) |
| tywarchen (tywyrch) | turf |
| dyddio | to date |
| crug(iau) | cairn(s) |
| piler triongli'r Arolwg Ordnans | the Ordnance Survey's triangulation point |
| cyrff y meirw | bodies of the dead |
| lludw | ashes |
| llestri pridd | earthenware pots |
| difrodi | to destroy |
| hynafiaethwr(-wyr) | antiquarian(s) |
| diegwyddor | unprincipled |
| slât(s) | slate(s) |
| ôl (olion) | trace(s), remains |
| gwaith (gweithfeydd) | work, mine, quarry |
| gofal piau hi | take care |

# Taith 10: Pentywyn a Marros

## GEIRFA

| | |
|---|---|
| llanw | tide |
| ar drai | ebb tide |
| wedi troad y llanw | after the tide has turned |
| Tablau Llanw | Tide Tables |
| mentro | to venture |
| clogwyn(i) | cliff(s) |
| ansefydlog | unstable |
| rhedyn | bracken |
| eithin | gorse |
| sgubo | to sweep |
| coedwig soddedig | submerged forest |
| cyfarwyddiadau | instructions |
| manylion pellach ynglŷn â | further information concerning |

**Dechrau a gorffen:**
y maes parcio ar fin y ffordd fawr ym mhentre Pentywyn (SN 235081).
**Pellter:** 10 km (6.2 milltir)
**Codiad:** 135 m (443 tr.)
**Amser:** 3 awr
**Mapiau:** Landranger 1:50,000, rhif 158 (*Tenby*); Pathfinder 1:25,000, rhif 1105 (*Pendine*); Explorer 1:25,000, rhif 177 (*Caerfyrddin a Chydweli*)
**Cyngor arbennig:**
(i) Gan fod rhan gynta'r daith ar hyd y traeth mae'n bwysig bod y llanw yn isel a'r môr ar drai. Mae'n amhosibl cyrraedd Traeth Morfa Bychan, y bae rhwng Pentir Gilman (SN 228074) a Phentir Ragwen (SN 220071) wedi troad y llanw. Mae Tablau Llanw ar werth yn lleol. Peidiwch â mentro'n rhy agos at droed y clogwyni calchfaen serth rhwng Pentir Dolwen a Phentir Gilman. Maen nhw'n ansefydlog iawn.
(ii) Gan fod cromlechi Morfa Bychan ar Bentir Ragwen yn gorwedd ynghanol rhedyn ac eithin mae'n haws dod o hyd iddyn nhw wedi i'r rhedyn farw yn yr hydref. Hefyd, mae

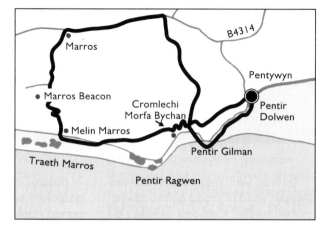

stormydd yr hydref a'r gaeaf yn sgubo unrhyw dywod oddi ar y goedwig soddedig sydd i'w gweld ar Draeth Marros.
(iii) Mae cwrs y llwybr i'r gorllewin o Draeth Morfa Bychan yn wahanol i'r hyn sydd ar y mapiau 1:25,000. Felly, dilynwch arwyddion Llwybr Arfordirol Bae Caerfyrddin a'r cyfarwyddiadau isod.
(iv) Mae Amgueddfa Cyflymder Pentywyn, sy'n sefyll rhwng y maes parcio a'r traeth, ar agor yn ystod misoedd yr haf. Holwch yn lleol am fanylion pellach ynglŷn â'r oriau agor.

### Y Daith
O'r maes parcio, dilyn y llwybr tua'r traeth ac yna troi i'r dde gan

gerdded ar hyd y "promenâd" heibio i'r Beach Hotel. Yr ochr draw i'r A 4066, a chyn cyrraedd Pentir Dolwen (SN 233078), camu i lawr i'r traeth a cherdded tua'r de-orllewin ar draws y tywod, heibio i droed y penrhyn ac i mewn i'r bae cysgodol rhwng Pentir Gilman a Phentir Ragwen. Gadael traeth Morfa Bychan gan ddilyn y llwybr cyhoeddus (rhan o Lwybr Arfordirol Bae Caerfyrddin) sy'n nadreddu i fyny'r llethr serth ychydig i'r gogledd o'r Orsaf Bwmpio (SN 223075). Trwy'r glwyd ar dop y llethr, troi i'r chwith ac ymhen 200 metr troi i'r chwith eto. Yna, yn hytrach na dilyn Llwybr Arfordirol Bae Caerfyrddin i gyfeiriad Traeth Marros, gwyro i'r chwith oddi ar y llwybr ger y glwyd (SN 221077) gan gerdded tua'r de drwy'r grug a'r eithin a'r rhedyn er mwyn ymweld â chromlechi Morfa Bychan (SN 222074), sy'n sefyll ar deras creigiog tua 15-20 metr o droed clogwyn isel, 2-3 metr o uchder. Ailymuno â'r llwybr ger y glwyd a'i ddilyn i lawr y llethr hyd nes cyrraedd Traeth Marros. Cerdded ar draws y gro neu ar hyd y tywod cyn belled â Melin Marros (SN 207075) ac yna dilyn y llwybr ar ochr orllewinol y tŷ er mwyn ymuno â'r lôn sy'n arwain i fyny'r clogwyn i gyfeiriad Marros Beacon (152 m) (SN

204080) ac ymlaen i Marros. Troi i'r dde wrth Eglwys Sant Lawrens a'r gofeb ryfel anarferol (SN 207089), a dilyn y ffordd i gyfeiriad Pentywyn. Ar waelod y rhiw (SN 221091), tua 1.2 km o'r eglwys, troi i'r dde a dilyn y llwybr cyhoeddus ar hyd llawr y dyffryn yn ôl i Draeth Morfa Bychan. Dringo Llwybr Arfordirol Bae Caerfyrddin sy'n igam-ogamu i fyny llethrau Pentir Gilman, ac yna yn ôl i Bentywyn.

## Traeth Pentywyn

Yn rhyfedd iawn does dim cyfeiriad at bentref Pentywyn yn y llyfr *Crwydro Sir Gâr* (1955) gan Aneirin Talfan Davies. Ond mae e'n sôn am Bendein. Ie, byw ym Mhendein mae trigolion y pentre hwn ar lan Bae Caerfyrddin, a bwrw draw i Bendein, ac nid i Bentywyn, y mae'r Cymry lleol.

Mae Traeth Pendein yn enwog am ei filltiroedd o dywod melyn braf ac yn ôl Aneirin Talfan Davies dyma "un o'r traethau ehangaf a gogoneddusaf yng Nghymru". Yn ystod y 1920au roedd e'n fyd-enwog oherwydd i'r fan yma y daeth modurwyr enwoca'r cyfnod i rasio eu ceir cyflym ar draws y tywod llyfn a chadarn. Mae'r garreg goffa ar dalcen y Beach Hotel yn cofnodi'r pum record byd a sefydlwyd yma:

| | |
|---|---|
| **G E I R F A** | |
| penrhyn | promontory |
| nadreddu | to wind (fel neidr), to twist and turn |
| gwyro | to veer |
| gro | shingle |
| cofeb ryfel | war memorial |
| bwrw draw | to pop over |
| ehangaf | most expansive |
| gogoneddusaf | most glorious |
| carreg goffa | memorial stone |

## GEIRFA

| | |
|---|---|
| mya | mph (milltir yr awr) |
| twyni tywod | sand dunes |
| datgladdu | to unearth |
| arddangos | to display |
| clustnodi | to earmark |
| er cof am | in memory of |
| hynod | remarkable, notable |
| Cefnfor Iwerydd | Atlantic Ocean |
| talaith | state |
| Y Weinyddiaeth Amddiffyn | Ministry of Defence |

Y clogwyni calchfaen a Thraeth Pendein: yn edrych tua'r dwyrain

1924 Malcolm Campbell
    Sunbeam 146.16 mya
1926 Malcolm Campbell
    Sunbeam 150.87 mya
1926 J.G.P. Thomas
    Thomas (Babs) 169.30 mya
1926 J.G.P. Thomas
    Thomas (Babs) 171.02 mya
1927 Malcolm Campbell
    Napier Campbell 174.88 mya

Cymro o Dreffynnon oedd Parry Thomas ac fe gafodd ei ladd ar draeth Pendein ar 3 Mawrth 1927 wrth geisio torri record Campbell. Wedi'r ddamwain cafodd ei gar, Babs, ei gladdu yn y twyni tywod. Ond yn 1971 datgladdwyd Babs er mwyn ei drwsio. Erbyn hyn mae'r gwaith hwnnw ar ben a bob blwyddyn, rhwng dechrau Awst a diwedd Medi, mae'r car yn cael ei arddangos yn Amgueddfa Cyflymder Pentywyn a agorwyd yn 1996. Ym mis Ionawr 1997 clustnododd Cyngor Sir Caerfyrddin y swm o £420,000 i ddatblygu'r amgueddfa a sefydlwyd er cof am Parry Thomas a'r gyrwyr enwog eraill.

Daeth y traeth i sylw'r byd unwaith eto yn 1933 oherwydd oddi yma yr hedfanodd y wraig hynod Amy Johnson ei hawyren ar draws Cefnfor Iwerydd i Bridgeport, ar arfordir talaith Connecticut, Unol Daleithiau America. Cafodd hi gwmni ei gŵr ar y daith yma.

Heddiw mae'r traeth a'r twyni rhwng Pendein ac aber afon Taf yn eiddo i'r Weinyddiaeth Amddiffyn.

*Cromlechi Morfa Bychan: y gromlech ddeheuol. Mae'r capfaen ar y dde, a Thraeth Morfa Bychan yn y cefndir*

Diben y gwersyll yw profi arfau. Mae'r traeth yn agored i'r cyhoedd ar adegau penodol ond dyw'r arwyddion uniaith Saesneg ddim yn or-groesawgar, a dweud y lleiaf: "When access is allowed do not approach or touch objects – they may kill". Ych a fi!

### Cromlechi Morfa Bychan (Pentir Ragwen) a chaer Pentir Gilman

Mae olion tua chant a hanner o gromlechi yng Nghymru, y rhan fwyaf ohonyn nhw yng Ngwynedd a de-orllewin Cymru. Mae gweddillion pedair cromlech fach ar Bentir Ragwen. Dyw hi ddim yn hawdd cael hyd i gromlechi Morfa Bychan ond, credwch fi, mae'n werth yr ymdrech. Y fwyaf deheuol o'r llinell o bedair

siambr gladdu yw'r fwyaf trawiadol. Ffurf hirgrwn sydd i'r naw carreg unionsyth oedd yn cynnal capfaen y gromlech hon, maen sydd bellach yn gwyro yn erbyn y tair carreg ar ochr ddeheuol y beddrod. Darnau mawr o dywodfaen, y graig leol, a ddefnyddiwyd i godi'r pedwar bedd, a hynny yn ystod y cyfnod Neolithig, tua 5,000 o flynyddoedd yn ôl. Mae'r offer cerrig y cafodd archeolegwyr hyd iddyn nhw wrth archwilio'r safle yn ystod blynyddoedd cynnar y ganrif bresennol yn Amgueddfa ac Oriel Genedlaethol, Caerdydd.

Olion hen gaer bentir yn dyddio o'r Oes Haearn sydd ar Bentir Gilman. Does fawr i'w weld ac eithrio'r clawdd a'r ffos sy'n ymestyn ar draws man ucha'r penrhyn.

# Taith 11:
# Ystradfellte: bro'r sgydau a'r ogofâu

## GEIRFA

| | |
|---|---|
| sgwd (sgydau – gair lleol am 'rhaeadr') | waterfall |
| cilfach barcio | lay-by |
| mwyaf i gyd | the more |
| gorau i gyd | the better |
| byddarol | deafening |
| haws (o 'hawdd') | easier |
| tirffurf(iau) | landform(s) |
| bwrw eu dail | to shed their leaves |
| llithrig | slippery |
| does dim modd | it's not possible |
| mynedfa | entrance |
| pan fo | when there is |
| llif mawr | a lot of water |
| mentro | to venture |
| ogof(âu) | cave(s) |
| ogofäwr | caver |
| traul | wear and tear |
| dychrynllyd | horrendous |
| o bryd i'w gilydd | from time to time |
| dargyfeirio | to divert |
| trwsio | to repair |
| adfer | to restore |
| rhyfeddod(au) | wonder(s) |
| hysbysfwrdd | notice-board |
| ceunant | ravine, gorge |
| pompren | footbridge |
| golygfan | view point |
| gwerthfawrogi | to appreciate |

**Dechrau a gorffen:** y gilfach barcio (SN 919105) ar fin y ffordd rhwng Pontneddfechan ac Ystradfellte.
**Pellter:** 5.8 km (3.6 milltir)
**Codiad:** 72 m (236 tr.)
**Amser:** 2 awr
**Mapiau:** Landranger 1:50,000, rhif 160 (*Bannau Brycheiniog*); Outdoor Leisure 1:25,000, rhif 11 (*Parc Cenedlaethol Bannau Brycheiniog: ardal ganol*)
**Cyngor arbennig:**
(i) Mwyaf i gyd o ddŵr sydd yn yr afonydd, gorau i gyd yw'r rhaeadrau. Mae eu sŵn yn fyddarol. Ac mewn ardal goediog, mae'n haws gweld y tirffurfiau ar ôl i'r coed fwrw eu dail. Felly, yr hydref a'r gaeaf yw'r amser gorau i ymweld â'r ardal hon, yn fy marn i. Ond mae 'na anfanteision. Mae'r llwybrau yn wlyb ac yn llithrig, a does dim modd cyrraedd mynedfa Porth yr Ogof pan fo llif mawr yn afon Mellte.
(ii) Peidiwch â mentro mynd i mewn i'r ogofâu. Mae 8 ogofäwr wedi marw ym Mhorth yr Ogof er 1957.
(iii) Gan fod miloedd yn ymweld â'r ardal hon mae traul dychrynllyd ar y llwybrau. O bryd i'w gilydd, mae Awdurdod Parc Cenedlaethol Bannau Brycheiniog yn gorfod cau neu ddargyfeirio rhai llwybrau er mwyn eu trwsio a'u hadfer. Felly,

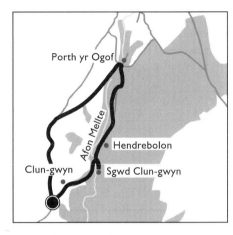

dilynwch yr arwyddion.
(iv) Darllenwch yr wybodaeth am ryfeddodau byd natur yr ardal ar yr hysbysfwrdd ger man cychwyn y daith ac ym maes parcio Porth yr Ogof. Mae'r cyfan yn ddwyieithog.

### Y Daith

O'r gilfach barcio, dilyn y llwybr sy'n arwain tua'r gogledd-ddwyrain, heibio i hen ffermdy Clun-gwyn ac i lawr drwy'r coed i geunant dwfn afon Mellte a Sgwd Clun-gwyn (SN 925109). Yna, troi tua'r gogledd gan fynd cyn belled â'r bompren ar draws yr afon (SN 925111). Croesi'r bont, troi tua'r de a cherdded i'r olygfan uwchlaw Sgwd Clun-gwyn (SN 925109). Dyma le i aros er mwyn gwerthfawrogi'r olygfa

Yr ogof dywyll mae afon Mellte yn llifo allan ohoni

drawiadol o'r rhaeadr oddi tanoch. Yn ôl i'r bont, ac ymlaen i gyfeiriad Porth yr Ogof, gan ddilyn y llwybr ar draws y dolydd ar lan ddwyreiniol yr afon, islaw Hendrebolon (SN 926113), a thrwy hafn goediog, gul a chreigiog. Y tu hwnt i'r hafn, cerdded ar hyd glannau'r afon ac yna ar hyd llwybr creigiog sy'n codi uwchlaw'r dolydd ar lawr y dyffryn, ger y fan lle mae afon Mellte yn dod i'r golwg drwy agen wrth droed clogwyn isel (SN 927122). O geg yr ogof, dilyn y llwybr creigiog ac anwastad iawn drwy hafn gul (hen wely afon Mellte), tua 200 metr o hyd, ac yna ar draws yr heol ac i mewn i faes parcio Porth yr Ogof. O'r maes parcio, igam-ogamu i lawr

y llwybr serth hyd lan afon Mellte. Troi i'r dde a cherdded o amgylch y tro cyn belled â cheg yr ogof fach (SN 929125) wrth droed clogwyn fertigol a ger sedd sy'n coffáu ogofäwr a fu farw ym Mhorth yr Ogof. Mae Porth yr Ogof (SN 928124) tua 150 metr i lawr yr afon. Troi i'r dde wrth ymadael â'r maes parcio ac yna, ar lawr y dyffryn, gwyro i'r chwith oddi ar yr heol a dilyn llwybr sy'n dringo ar letraws llethrau gorllewinol y dyffryn. Ar ôl cyrraedd heol Ystradfellte-Pontneddfechan (SN 919117), troi i'r chwith gan gerdded ar hyd y ffordd, heibio i Hermon, capel yr Annibynwyr (SN 918109), yn ôl i'r gilfach barcio.

## GEIRFA

| | |
|---|---|
| cyn-geidwad | former keeper |
| daeareg | geology |
| mae'n glasur o gyfrol | the volume is a classic |
| dealladwy | intelligible |
| cyfareddol | enchanting |
| ar gyrion | on the edge |
| dynodi | to denote |
| gwydn | tough, resistant |
| hyfriw | friable, crumbly |
| union fan | exact spot |
| tywodfaen | sandstone |
| gris | step |
| llamu | to leap |
| cerrig llaid | mudstones |
| sgubo ymaith | to sweep away |
| erydu | to erode |
| llaith | damp |
| botanegydd (botanegwyr) | botanist(s) |

### Sgwd Clun-gwyn a cheunant afon Mellte

Os ydych yn ddigon ffodus i ddod o hyd i gopi o *The River Scenery at the Head of the Vale of Neath* (1949) gan F.J. North, cyn-geidwad Adran Ddaeareg Amgueddfa Genedlaethol Cymru, mewn siop lyfrau ail-law, prynwch e! Mae'n glasur o gyfrol. Yn ei lyfr mae'r awdur yn disgrifio ac yn cynnig esboniad syml a dealladwy o ryfeddodau daearegol yr ardal gyfareddol hon ar gyrion maes glo de Cymru. Un o'r rhyfeddodau mwyaf yw'r sgydau, yn enwedig ar afonydd Mellte, Hepste a Nedd-fechan. Mae'r rhaeadrau i gyd yn wahanol i'w gilydd, ond mae lleoliad pob un ohonyn nhw yn dynodi'r mannau hynny lle mae creigiau gwydn, caled yn dod i gysylltiad â chreigiau hyfriw, meddal.

Mae Sgwd Clun-gwyn yn dynodi'r union fan lle daeth afon Mellte i gysylltiad â chreigiau meddal. Haenau o dywodfaen brown yw'r gris mae afon Mellte yn llamu drosto, ond cerrig llaid du sy'n dod i'r golwg yn ochrau'r ceunant dwfn yr ochr isaf i'r rhaeadr. Chafodd yr afon ddim trafferth i sgubo ymaith y

*Sgwd Clun-gwyn*

cerrig llaid meddal ond mae'n ei chael hi'n anoddach o lawer i erydu'r tywodfaen caled.

Mae bro'r sgydau, ac yn enwedig y ceunentydd dwfn a llaith, o ddiddordeb i fotanegwyr hefyd. Yn y ceunentydd hyn, dan do trwchus o goed derw, mae nifer fawr o wahanol fwsoglau, llysiau'r afu a rhedyn, rhai ohonyn nhw'n brin iawn.

## Coed Hendrebolon

Yn ôl arwyddion yr ardal "mae Coed y Rhaeadr yn enw addas i'r goedwig sy'n ymestyn ar draws prif flaendyffrynnoedd afon Nedd". Ond, am resymau hanesyddol, byddai'n well defnyddio'r hen enw, Coed Hendrebolon, ar y goedwig rhwng Sgwd Clun-gwyn a Phorth yr Ogof oherwydd yma y bu Lewsyn yr Heliwr (Lewis Lewis, 1793-?) yn cuddio ar ôl gwrthryfel Merthyr ac yng Nghoed Hendrebolon y cafodd ei ddal ar 7 Mehefin 1831. Cymerodd Lewsyn ran flaenllaw yn y terfysg ym Merthyr Tudful ar 2-3 Mehefin 1831, pan oedd pobl gyffredin y dref yn protestio ynglŷn â'r ffordd roedden nhw'n cael eu trin gan y meistri haearn. Yn dilyn achos llys cafodd Lewsyn ei alltudio am oes ond cafodd Dic Penderyn (Richard Lewis, 1808-31), un o'i gyd-brotestwyr, ei gyhuddo o drywanu milwr, a'i grogi ar gam yng ngharchar Caerdydd ar 31 Awst 1831. 'Arglwydd, dyma gamwedd!' oedd ei eiriau olaf, meddai'r hanes, wrth gael ei arwain i'w grogi.

## Y garreg galch a Phorth yr Ogof

Tywodfeini a cherrig llaid yw cerrig sylfaen bro'r sgydau ond y garreg galch yw carreg sylfaen bro'r ogofâu a'r afonydd tanddaearol. Er bod y calchfaen llwyd-las, sy'n dod i'r wyneb ger Hendrebolon, yn graig galed, mae'n hydoddi mewn dŵr asidig. Mae dŵr glaw ychydig yn asidig, ac mae'r glaw sy'n syrthio ar y ddaear yn troi'n fwy asidig wrth lifo drwy bridd yn cynnwys planhigion sy'n pydru.

Drwy ymosod ar y calchfaen dros gyfnod o filoedd o flynyddoedd mae dŵr asidig afon Mellte wedi creu rhwydwaith o ogofâu bach a mawr drwy gorff y graig. Yr hynotaf ohonyn nhw yw Porth yr Ogof, ceg fawr yr ogof sy'n llyncu dŵr yr afon. Fel yr ehed y frân, tua 230 o fetrau yn unig sydd rhwng mynedfa Porth yr Ogof a'r agen mae'r afon yn arllwys ohoni, ond o dan y ddaear mae rhwydwaith o ogofâu yn ymestyn dros bellter o 2,220 o fetrau o leiaf o boptu prif gwrs afon Mellte.

Uwchben yr afon danddaearol mae hen wely afon Mellte. Er iddi ymadael â'r gwely yma ddegau ar filoedd o flynyddoedd yn ôl, mae arwynebau llyfn y calchfaen ar lawr yr hafn yn dystion, hyd heddiw, i lif grymus yr hen afon. Ond fydd yr hen

**G E I R F A**

| | |
|---|---|
| mwsogl(au) | moss(es) |
| llysiau'r afu | liverworts |
| rhedyn | ferns |
| prin | rare |
| blaendyffrynnoedd | headwaters |
| blaenllaw | prominent |
| terfysg | riot, disturbance |
| trin | to treat |
| meistri haearn | ironmasters |
| achos llys | court case |
| alltudio | to exile |
| trywanu | to stab |
| crogi ar gam | unjustly hung |
| Arglwydd | Lord |
| camwedd | injustice |
| carreg galch | limestone |
| cerrig sylfaen | foundation stone, underlying bedrock |
| tanddaearol | subterranean |
| calchfaen | limestone |
| hydoddi | to dissolve |
| pydru | to rot |
| rhwydwaith | network |
| hynotaf (o 'hynod') | most remarkable |
| fel yr ehed y frân | as the crow flies |
| agen | fissure |
| o boptu | on either side |
| er iddi ymadael â | although it abandoned |
| arwyneb(au) | surface(s) |
| llyfn | smooth |
| tyst(ion) | witness(es) |
| grymus | powerful |

## GEIRFA

| | |
|---|---|
| eisoes | *already* |
| dymchwel | *to fall, to collapse* |
| rhu | *roar* |
| crombil | *bowels* |
| nodwedd(ion) | *feature(s)* |
| naturiaethwr | *naturalist* |
| gweddill(ion) | *remain(s)* |
| mur(iau) | *wall(s)* |
| dirgelwch | *mystery* |
| cyfoedion | *contemporaries* |
| fe wyddon ni | *we know* |
| ymgasglu | *to accumulate* |
| trofannol | *tropical* |
| capan | *cap* |

wely ddim yn para am byth. Eisoes mae'r llawr wedi dymchwel mewn dau le ac yno mae modd clywed rhu'r afon yng nghrombil y ddaear.

Er mor rhyfeddol yw'r nodweddion hyn, y calchfaen ei hunan oedd o ddiddordeb i'r naturiaethwr enwog Edward Llwyd (1660-1709). Mewn llythyr a ysgrifennodd at y botanegydd John Ray (1628-1705) ym mis Gorffennaf 1698 cyfeiriodd Llwyd, Ceidwad Amgueddfa Ashmole, Rhydychen, at weddillion cregyn môr oedd i'w gweld ar furiau a llawr Porth yr Ogof. Roedd y ffosilau hyn yn ddirgelwch i Llwyd a'i gyfoedion. Heddiw, fodd bynnag, fe wyddon ni fod y cregyn a'r ffosilau eraill sydd i'w gweld yn y garreg galch wedi ymgasglu ar lawr môr trofannol tua 330 o filiynau o flynyddoedd yn ôl.

*Porth yr Ogof: mae'r wraig sy'n sefyll ar y graig, ar y chwith, yn dangos pa mor fawr yw'r capan o graig uwchlaw ceg yr ogof*

# Taith 12: Blaenafon a Blorens

**Dechrau a gorffen:** maes parcio Pwll Mawr (Big Pit), Blaenafon (SO 238088).
**Pellter:** 14.2 km (8.8 milltir)
**Codiad:** 239 m (784 tr.)
**Amser:** 4-5 awr
**Mapiau:** Landranger 1:50,000, rhif 161 (*Y Fenni a'r Mynyddoedd Duon*); Pathfinder 1:25,000, rhif 1110 (*Pontypool & Abertillery*) a 1086 (*Y Fenni*); Outdoor Leisure 1:25,000, rhif 13 (*Bannau Brycheiniog: yr ardal ddwyreiniol*)
**Cyngor Arbennig:**
(i) Mae'r rhostir mawnog ar gopa Blorens yn gallu bod yn wlyb dan draed.
(ii) Mae angen gofal arbennig ger chwarel Pwll-du (SO 251115) ym mhen uchaf Cwm Llanwenarth.

## Y Daith

O faes parcio Amgueddfa Lofaol Pwll Mawr, troi i'r dde a dilyn y lôn sy'n arwain i Forge Side, y rhesi o hen dai diwydiannol wrth droed Mynydd Coety. Ar ôl cyrraedd y tai (SO 243085), troi i'r chwith ac yna i'r dde ym mhen draw'r stryd. Dilyn y ffordd heibio i Zion, capel y Bedyddwyr, i ben draw'r stryd o dai. Troi i'r chwith gan gerdded ar hyd y ffordd, ar draws pont y rheilffordd, i waelod y dyffryn. Yr ochr draw i'r

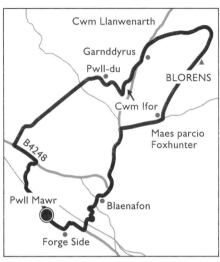

bont sy'n croesi afon Llwyd, dringo i fyny'r rhiw gan ymuno â'r B4246 ger yr ysbyty. Ymlaen tua'r gogledd ar hyd y B4246, heibio i safle hanesyddol hen Waith Haearn Blaenafon (SO 249093; mae'r safle, sy'n agored i'r cyhoedd, dan ofal Cadw) ar ochr chwith y ffordd, a'r orsaf dân a'r Rifleman's Arms ar y dde. Bron gyferbyn â'r dafarn, sydd ar gyrion y dre, mae maes parcio a safle picnic Bunkers Hill, llecyn sy'n cynnig golygfeydd gwych ar draws ac i lawr y dyffryn. Ar ben y rhiw, troi i'r dde oddi ar y B4246 a dilyn yr heol cyn belled â maes parcio Foxhunter (SO 263108), dan ofal Awdurdod Parc Cenedlaethol Bannau

## GEIRFA

| | |
|---|---|
| tai castio | casting houses |
| troedio | to tread |
| llai eglur | less obvious, less clear |
| planhigfa goed | tree plantation, forestry |
| ar letraws | diagonally |
| glaswelltog | grassy |
| tramffordd | tramway |
| hwnt ac yma | here and there |
| tomen(nydd) | tip(s) |
| ailymuno | to rejoin |
| cyfuchlin(iau) | contour line(s) |
| calchfaen | limestone |
| dymchwel | to fall, to collapse |

*Gwaith Haearn Blaenafon: y tai castio (chwith) a'r ffwrneisi (de). Mae rhai o hen dai'r gweithwyr i'w gweld ar yr un safle*

Brycheiniog. O'r maes parcio, troedio llwybr caregog draw i gopa Blorens, 559 m (SO 270119), ac ymlaen ar hyd llwybr ychydig yn llai eglur i'r pentwr bach o gerrig (SO 273123) tua 550 metr i'r gogledd-ddwyrain o'r copa. Troi tua'r gogledd-orllewin, cerdded i gyfeiriad hen chwarel fach (SO 270125) uwchlaw'r blanhigfa goed ac yna ar letraws, i lawr y llethr serth gan anelu at y man lle mae llwybr glaswelltog, trac hen dramffordd Hill (mae ambell sliper, sef carreg ac un twll ynddi, i'w gweld hwnt ac yma), yn ymuno â'r B4246 (SO 260122) ger

Garnddyrus. Dilyn y ffordd tua'r de am 250 metr. Yna, yr ochr uchaf i hen efail Garnddyrus (SO 259119; mae'r hen domennydd slag yn amlwg iawn), troi i'r dde gan ailymuno â thramffordd Hill sy'n dilyn y cyfuchliniau i ben uchaf Cwm Ifor a draw i chwarel galchfaen Pwll-du (SO 251115). Ar bwys y chwarel mae'r dramffordd wedi dymchwel. Felly, er mwyn osgoi'r man yma, mae'n rhaid dringo'r llethr ac ymuno â'r llwybr sy'n dilyn pen y chwarel ac yn arwain draw i dafarn The Lamb & Fox (SO 247115). Ar draws y ffordd, bron gyferbyn â'r dafarn, dilyn llwybr

*Rhan o dramffordd Hill. Mynydd Pen-y-fâl sydd yn y cefndir*

unionsyth (hen inclein ddwbl) sy'n croesi'r mynydd (cyn cyrraedd crib y mynydd mae'n rhaid gadael y lôn goncrit, yna gwyro ryw ychydig i'r de o'r llinell syth er mwyn osgoi wyneb hen chwarel, ac ailymuno â llwybr yr inclein ar ochr orllewinol y grib). Ger yr hen dipiau glo wrth waelod yr inclein (SO 235106), gwyro i'r dde ac yna i'r chwith, gan ddilyn y llwybr i lawr i'r ffordd fawr (SO 232103). Cerdded ar hyd y B4248 i gyfeiriad Blaenafon. Ymhen 600 metr, troi i'r dde a cherdded yn ôl ar hyd yr heol i faes parcio Pwll Mawr.

### Blaenafon a Chwm Llanwenarth

"Mae Cymru'n hynod o hardd, ond bach yw hi hefyd ac felly'n hawdd ei brifo. A chafodd fwy na'i siâr o gleisiau eisoes." Y bardd R.S. Thomas yw awdur y geiriau ac mae'r cleisiau y cyfeiriodd atyn nhw yn amlwg iawn yn ardal Blaenafon, ar gyrion gogledd-ddwyreiniol maes glo de Cymru. Hanes diwydiannol Blaenafon, ac yn enwedig Cwm Llanwenarth, a ysbrydolodd Alexander Cordell i ysgrifennu *Rape of the Fair Country*, nofel a gyhoeddwyd yn 1959. Dros y blynyddoedd gwerthwyd miliynau o gopïau o'r gyfrol sydd wedi'i throsi i ddwy iaith ar bymtheg. Er bod gweithfeydd haearn a phyllau glo'r hen ardal ddiwydiannol hon wedi hen gau, aros mae'r creithiau ar lawr a llechweddau dyffryn afon Llwyd. Eto i gyd, mae'r creithiau o bwys hanesyddol.

Ym Mlaenafon y sefydlodd Thomas Hill, Benjamin Pratt a Thomas Hopkins, tri gŵr busnes o ganolbarth Lloegr, y gwaith haearn aml-ffwrnais cyntaf yng Nghymru. Cafodd tair ffwrnais gyntaf Gwaith Haearn Blaenafon eu codi yn 1788-89, ac ymhen deng mlynedd roedd y gwaith, oedd gyda'r mwyaf cynhyrchiol yn ne Cymru, yn cyflogi

## GEIRFA

| | |
|---|---|
| haearn crai | pig-iron |
| trin | to treat, to process |
| efail | forge |
| dolen gyswllt | link |
| mwyn haearn | iron ore |
| camlas | canal |
| Aberhonddu | Brecon |
| Y Fenni | Abergavenny |
| Wysg | Usk |
| cledrau rheilffyrdd | railway lines |
| ledled | throughout |
| pedwar ban byd | the four corners of the earth |
| labordy | laboratory |
| cyntefig | primitive |
| darganfyddodd (darganfod) | (he) discovered |
| cael gwared â | to get rid of |
| dur | steel |
| darganfyddiad | discovery |
| dylanwad | influence |
| chwyldroadol | revolutionary |
| diddychymyg | unimaginative |
| diffodd | to extinguish (i.e. fire, light) |

*Pwll Mawr, Blaenafon*

350 o bobl.

Yn y blynyddoedd cynnar roedd yr haearn crai yn cael ei drin mewn efail ger Cwmafon (SO 271062), yn nyffryn Llwyd. Yna, yn 1817, agorwyd Efail Garnddyrus ar lethrau Cwm Llanwenarth. Roedd tramffordd Hill nid yn unig yn ddolen gyswllt rhwng Gwaith Haearn Blaenafon a'r efail, ond hefyd rhwng y lefelau glo, y lefelau mwyn haearn a'r chwarel galchfaen, ger Pwll-du, a'r gwaith haearn. Yn ogystal, roedd yn cysylltu'r efail a basn Llan-ffwyst (SO 285130) (ar waelod yr inclein ar lethrau gogledd-ddwyreiniol Blorens) ar Gamlas Aberhonddu a'r Fenni yn nyffryn Wysg. Barrau haearn a chledrau rheilffyrdd oedd prif gynnyrch Efail Garnddyrus ac roedden nhw'n cael eu dosbarthu ledled gwledydd Prydain ac i bedwar ban byd.

Chwe blynedd ar ôl i'r rheilffordd gyrraedd Blaenafon yn 1854 caeodd Efail Garnddyrus a thramffordd Hill. Cafodd efail a ffwrneisi newydd eu hagor yn Forge Side, ac mewn labordy cyntefig yn y gwaith hwn yn 1878 y darganfyddodd Sidney Gilchrist Thomas (1850-85) sut i gael gwared â ffosfforws mewn dur. Cafodd ei ddarganfyddiad ddylanwad chwyldroadol ar y diwydiant haearn a dur, nid yn unig ym Mhrydain ond hefyd yn yr Almaen a'r Unol Daleithiau. Ar gyfer gweithwyr Gwaith Forge Side y codwyd y pum rhes o dai brics. Diddychymyg, a dweud y lleiaf, yw enwau'r strydoedd hyn, sef A Row, B Row, C Row, D Row ac E Row!

Yn dilyn datblygiad Gwaith Forge Side daeth oes Gwaith Haearn Blaenafon i ben. Diffoddodd fflamau'r ffwrnais olaf yn 1904.

Caeodd Forge Side rhwng y Rhyfel Byd Cyntaf a'r Ail Ryfel Byd.

Agor Gwaith Haearn Blaenafon fu'n bennaf cyfrifol am sbarduno datblygiad y diwydiant glo lleol. Suddwyd nifer fawr o byllau glo yn ystod hanner cyntaf y bedwaredd ganrif ar bymtheg, ac erbyn 1873 roedd y cwmni oedd yn berchen ar y gwaith haearn hefyd yn gweithio un pwll ar bymtheg. Roedd Pwll Mawr, a agorwyd yn 1880, yn eiddo i'r un cwmni.

Caeodd Pwll Mawr, yr olaf o byllau Blaenafon, yn 1980. Gorffennol yn unig sydd gan y diwydiant haearn a'r diwydiant glo ym Mlaenafon ond, diolch byth, mae'r cof am y naill a'r llall yn fyw ar safle Gwaith Haearn Blaenafon ac yn Amgueddfa Lofaol Pwll Mawr.

## Blorens, dyffryn Wysg a'r Mynyddoedd Duon

Ar fynydd-dir Blorens, ynghanol y grug a'r llus, y brwyn a'r rhedyn, mae'n fyd arall. Ac ar y rhostir hwn, yn heddwch yr haenau o gwartsit llwyd-wyn ger maes parcio Foxhunter, y claddodd y neidiwr ceffylau Syr Harry Llewellyn ei geffyl enwog. Mae'r plat ar fedd Foxhunter (1940-59) yn rhestru holl orchestion y ceffyl hwn a enillodd 78 o gystadlaethau rhyngwladol a llu o wobrau eraill.

Mae tir amaethyddol cyfoethog dyffryn Wysg, wrth droed Blorens, mor wahanol i ddyffryn afon Llwyd. Ond er bod y golygfeydd o gopa Blorens yn wledd i'r llygad, dyw'r tirlun ddim tamaid yn fwy "naturiol" nag olion hen ddiwydiannau trymion Blaenafon a phen uchaf Cwm Llanwenarth. Mae ôl llaw dyn i'w weld hyd ben Ysgyryd Fawr (486 m; SO 331183) a Mynydd Pen-y-fâl (598 m; SO 273187), i'r gogledd-ddwyrain a'r gogledd-orllewin o'r Fenni, a hefyd hyd Ben Cerrig-calch (701 m; SO 217224), y copa sydd â choron fach o galchfaen ar ben tywodfeini coch y Mynyddoedd Duon, i'r gogledd o Grucywel.

Unig lefydd gwirioneddol wyllt yr ardal yw'r ogofâu a'r ceudyllau anferthol yn y garreg galch dan rostiroedd Mynydd Llangatwg a Bryn Gilwern i'r gogledd-orllewin o gopa Blorens. Mae rhai o'r rhwydweithiau tanddaearol hyn eisoes gyda'r hiraf yn y byd. Ac mae rhagor i'w ddarganfod. Yn 1994, er enghraifft, roedd ogofäwyr o'r farn mai ogof fach, 30 metr o hyd, oedd honno ger chwarel Pwll-du. Heddiw, rydyn ni'n gwybod ei bod hi'n mesur dros 50 km o hyd! Rhyfedd o fyd!

<table>
<tr><td colspan="2">G E I R F A</td></tr>
<tr><td>pennaf cyfrifol</td><td>mainly responsible</td></tr>
<tr><td>sbarduno</td><td>to spur on</td></tr>
<tr><td>suddo</td><td>to sink</td></tr>
<tr><td>yn berchen ar</td><td>owned</td></tr>
<tr><td>yn eiddo i</td><td>belonged to</td></tr>
<tr><td>y naill a'r llall</td><td>the one and the other, both</td></tr>
<tr><td>cwartsit</td><td>quartzite</td></tr>
<tr><td>holl orchestion</td><td>all the feats</td></tr>
<tr><td>gwledd</td><td>feast</td></tr>
<tr><td>tirlun</td><td>landscape</td></tr>
<tr><td>ddim tamaid yn fwy</td><td>not a bit more</td></tr>
<tr><td>ôl</td><td>trace, remain</td></tr>
<tr><td>tywodfeini coch</td><td>red sandstones</td></tr>
<tr><td>gwirioneddol wyllt</td><td>really wild</td></tr>
<tr><td>ceudwll (ceudyllau)</td><td>cavern(s)</td></tr>
<tr><td>rhwydweithiau tanddaearol</td><td>subterranean networks</td></tr>
<tr><td>gyda'r hiraf</td><td>amongst the longest</td></tr>
<tr><td>rhyfedd o fyd!</td><td>it's a strange world!</td></tr>
</table>

## Hwylio 'Mlaen

Golygydd Cyffredinol: Glenys M. Roberts
Dyma restr gyflawn o'r holl lyfrau yn y gyfres:

Mynnwch y gyfres yn llawn:
eich allwedd i fwynhau Cymru heddiw!

Am restr gyflawn
o lyfrau'r wasg,
mynnwch gopi
o'n Catalog
deniadol,
lliw-llawn –
neu hwyliwch i
mewn i'n safle ar
y We fyd-eang –
yn awr wedi'i
ailddylunio ac
yn cynnwys
basged siopa!

y Lolfa
CYHOEDDI · DYLUNIO · ARGRAFFU

Talybont, Ceredigion SY24 5AP
ffôn (01970) 832 304  ffacs 832 782  isdn 832 813
e-bost ylolfa@ylolfa.com  y we www.ylolfa.com